KB267122

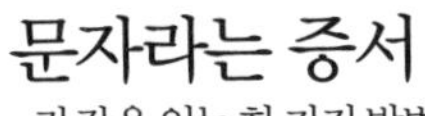

문자라는 증서

―라캉을 읽는 한 가지 방법

LE TITRE DE LA LETTRE
de Jean-Luc Nancy et de Philippe Lacoue-Labarthe

문자라는 증서
—라캉을 읽는 한 가지 방법

PARADIGMA 3

필립 라쿠-라바르트·장-뤽 낭시

김석 옮김

문학과지성사 2011

파라디그마 3

문자라는 증서 — 라캉을 읽는 한 가지 방법

제1판 제1쇄 2011년 1월 17일

지은이 필립 라쿠-라바르트·장-뤽 낭시
옮긴이 김석
펴낸이 홍정선 김수영
펴낸곳 ㈜문학과지성사
등록 1993년 12월 16일 등록 제10-918호
주소 121-840 서울 마포구 서교동 395-2
전화 02)338-7224
팩스 02)323-4180(편집) 02)338-7221(영업)
전자메일 moonji@moonji.com
홈페이지 www.moonji.com
ISBN 978-89-320-2181-2

서문

이 책은 17년 전 집필되었다. 이 책은 1973년에 출판되어 같은 해 약간의 형식적 수정만 거친 후 2쇄를 찍었다. 세번째 판본도 별다른 변화가 없다.

그런데 몇 가지 심각한 이유 때문에 우리는 새로운 판본을 내놓을 수밖에 없었다. 그사이 시간이 흐르면서 많은 변화가 있었기 때문이다. 적지 않은 라캉 세미나의 출간, 라캉 학파의 창립에서 해산, 그리고 창시자 라캉의 죽음, 정신분석 관련 단체나 기관의 분화에 이르는 역사들, 라캉에 관해 연구한 많은 책들, 특히 라캉과 철학의 관계에 대한 책의 출간 등은 라캉 "시대"의 특징 이상의 것을 포함하는 연구를 다시 하게 만드는 동기로 충분해 보인다.

그런데도 우리가 이 책을 큰 수정 없이 거의 그대로 출간한 것은 우리 책이 완벽하거나 시간이 흐르면서 나타날 비판들을 견딜 수 있다고 생각했기 때문이 아니다. 오히려 그 반대다. 첫째 이유는 일반적으로 하나의 텍스트는 그 자체가 수정되지 않으려는 경향이 있다는 것이다. 텍스트는 다른 텍스트들을 위해 수정을 요구하면서도 그 자신을 위해서는 버티고, 자신의 특이성에도 대처하기 마련이다. 다른 한편으로 텍스트 수정 작업을 위해 우리가 앞에서 상기한 이유들이 처음에 생각했던 것만큼 그렇게 적합하지 않아 보였기 때문이다. 결국 이 책은 "라캉에 관한" 책, 다시 말해 이론적, 실천적, 제도적 연관들의 전체 속에서, 그리고 하나의 총체물로 간주되는 라캉 사유에 관한 책이 되는 것을 단호히 거부할 것이라는 사실을 상기시킬 필요가 있다. 물론 이러한 종류의 책이 이른바 '업그레이드'라는 표현으로는 불충분하게 제시할 수밖에 없는 그러한 작업을 오늘날 필요로 하지 않는다고 말하는 것은 아니다. 그러나 우리 책의 부제가 아주 선명하게 지시하듯 여기서 중요한 것은 라캉에 대한 '하나의' 독해lecture[1]이다. 단 하나의 독해, 그리고 단 하나의 텍스트 (「무의식 속에서 문자의 심급, 혹은 프로이트 이후의 이성」)에 대한 독해. 첫 출간부터 몇 년 동안은 이러한 우리 독해가 적어도 한 차례 이상은 라캉에 대한 일반적인 소개 혹은 토론의 한 방식처럼 간주되거나 활용된 것도 사실이다. (실제로 라캉 자신이 『앙코르*Encore*』라는 제목으로 출간된 세미나에서 우리 책을 소개하면서 이러한 분위기에 일조하기도 했다.) 우리 독해를 발판 삼아 "라캉"이라는 기표가 내포하는 바에 대해 좀더 일반적인 연구를 할 수 있다는 것은 과거에도 그랬고, 아마 앞으로도 그럴 것이라는 사실을 부정하지 않겠다. 그러나 우리는 특별히 프로이트와 라캉의 관계에 대한 정확한 측정이나 정신분석적 실천에 관계되는 사항들에 대해서 그것들을 다룰 의향도, 능력도 없었다.

---

1) (옮긴이) 이 책의 공동 저자인 필립 라쿠-라바르트와 장-뤽 낭시는 독해를 텍스트의 일반화된 의미를 드러내는 해석이나 텍스트 자체를 철학적으로 평가하는 주석적 방법과 철저히 구별한다. 독해란 텍스트의 원저자인 라캉의 전략과 그의 사유에 입각해 라캉이 말하고자 하는 바를 근본에서 충실하게 이해한다는 것이고, 라캉 사유의 특이성을 독자로 하여금 느끼게 만들려는 저자들 나름의 전략을 보여주는 말이다. 라캉 자신이 무의식과 그것을 서술하는 텍스트를 해석이나 서술 불가능성과 연결하기 때문이다. 하지만 저자들이 철학자이고 철학사의 맥락에서 꼼꼼하게 개념들을 천착하는 만큼 그들의 비판적 관점과 주석적 태도가 독해에 작용하는 것은 어쩔 수 없다.

* * *

반대로 우리 의도는 명확하다. 우리가 우리 것으로 삼기 원하는 영역에 대한 범례적 특징들 때문에 선택한, 혹은 오히려 발견한 그런 라캉 텍스트에 대한 분석과 주석을 통해 라캉 담론의 지층 구조의 '한' 층위, 그리고 라캉 계보학의 한 분과로서 철학적 담론을 재구성하는 일이 필요하다는 것이 명백해졌다.

라캉 담론, 그리고 프로이트 담론——이것에 대해 라캉이 최초로 그리고 유일하게 재정식화를 제안했다——의 한 부분 전체를 철학적으로 관통하고 검토하는 작업, 바로 이것이 이제 획득된 것처럼 보인다.

그러나 이것과 더불어 도대체 무엇이 성과로 획득되었나? 아마도 우리 작업보다 명료하지 않은 것은 아무것도 없을 것이다. 그런데 우리 작업이 기여하기를 원했고 여전히 그러하기를 원하는 이러한 질문에 대해 가능한 대답이나 여러 가지 대답을 명확하게 할 필요가 있다.

만약 우리의 작업이 이른바 "정신분석에 관한" 담론 속에서 "철학적" 담론의 영향, 차용, 결합이 적지 않다는 사실만을 살펴보는 것이라면 그것이 큰 흥미를 주지는 않을 것이다. 게다가 그런 조사는 라캉의 몫이었고 여전히 라캉의 것인 정신분석에 관한 담론에만 한정되지 않는다. 반대로 라캉의 담론은 특별하게도 최소한 「문자의 심급」과 같은 텍스트 속에서는 전혀 다른 목적을 제안한다. 「문자의 심급」은 "철학적 허풍의…… 세기"에 대한 의미 있는 하나의 배척과 자신의 고유한 대상으로서 "존재의 문제" 자체만을 강조하는 것으로 끝을 맺는다.

그 특별함이 그것이 요구하는 것만큼 탐구되었다고 하기에는 아직 불충분한 라캉 담론의 차별적 목적성을 우리는 다음과 같이 세 가지 관점으로 도식화할 수 있다.

1. 라캉이 어떤 다른 담론(그것이 "정신분석적"인 것이든, 혹은 "라캉

적"이든, 혹은 "무의식적"이든) 속에서 철학적 담론을 '교체'한다는 매우 특이한 이 과제를 더 잘 수행하면 할수록 그는 철학적인 것이 지배하는 위치와 가치를 다시 확보하고 다시 투자한다. 여기서 "교체하다relever"라는 단어는 데리다가 헤겔의 '지양하다aufheben'라는 말을 번역하면서 부여한 의미로 이해해야 한다. 즉 이 단어는 제거하면서 전혀 다른 장에서 보존한다는 말이다. 전형적으로 변증법적인 이 작업을 통해 라캉은 철학의 본질적인 여러 목표와 의지를 잘 수렴한다. 다시 말해 진리라는 지식의 전유, 체계성, 기초의 확보 같은 것들 말이다. 라캉은 또한 철학으로부터 근본적으로 정치적인 행위들, 즉 지식의 대상이 된 권력, 주권적 결정, 공동체적 질서의 통합적이고 권위적인 대표성과 같은 것들을 재생산하고 구체화하기도 한다. 바로 여기에서 라캉주의에 관련된 운동의 역사 속에서 오늘날 사람들이 "역효과"(이것은 아마 실제로는 어떤 최후의 "해산"을 목적으로 라캉 자신에 의해 악의적으로 허용된 것으로, 그 해산에 대해서는 라캉이 정확히 어떤 의미를 그것에 부여했는지 생각할 필요가 있을 것이다)로 부르는 것으로 더 잘 알려진 결과[2]가 비롯된다. 그러므로 총체적으로 폐쇄된 담론의 교체, 더 정확히 말해 하이데거 이래로 그곳에서 철학이 자신의 고유한 완성을 인정하고 시험하는 담론의 이러한 폐쇄성을 교체하는 것이 관건이다. 정신분석도 다음 차례가 되면 한계로 인해 폐쇄될 수도 있을 것이다.

2. 비록 라캉의 담론이 이러한 해석에 잘 부합하기도 하지만, 그것은 해석을 넘어서기도 한다. 우리의 모든 독해는 이러한 양면성의 재료를 확보하기 위한 시도이다. 왜냐하면 또 다른 측면에서 라캉은 보충적이면서 마지막 하나의 대상으로서 진리 —— "무의식" —— 를 철학에 제공하

---

2) (옮긴이) 라캉에 의해 일방적으로 주도된 라캉주의 그룹의 창시와 해산이라는 일련의 반복된 사건을 말한다.

면서, 철학을 부각시키려고 노력하기보다는 철학이 폐쇄된 이후부터 일하고 철학을 귀찮게 만드는 어떤 것을 드러내기 위해 더 노력하기 때문이다. 확실히 잘못 정식화되고 잘못 선택된 이름인 "무의식"(게다가 라캉이 최소한 그 심리학적 기원에서는 벗어나게 하려고 끊임없이 노력한 바로 그 이름)에서 아마도 라캉에게 중요한 것은 다소간 감춰진 채 철학을 그 경계로 몰고 가는 이 지속적 운동을 라캉 자신의 방식으로 다시 취하는 것이다. 이 경계에서 하나의 주체에 대해 하나의 대상을 구성하는 체계, 즉 표상과 확실성의 체계는 주체를 "존재"에 대한 "근본적-구성archi-constitution"에 넘겨준다. 실상 이 존재의 유일한 실존이 어떤 것을 하나의 표상처럼 이차적으로 가능하게 만든다. 본질적인 것을 아주 간단히 말하자면 다음과 같다. 이 존재는 표상 세계의 '저 너머au-delà'가 아니라 일반적으로 현존하는 자아에 대한 차이 속에서 스스로를 지탱한다.

3. 그러나 이 차이에 대한 인정과 탐구를 수행하면서도 라캉은 모든 종류의 방법으로 자신의 담론을 표상의 가능성에 맞추려고, 그리고 참되고 적합한 표상, 즉 그 자체가 표상에 도전하고, 표상을 넘어서는 그러한 가능성에 맞추려고 노력한다. 라캉은 다양한 명목으로 과학, 진리를 상기시키면서, 결국은 자신의 언술 행위 속에서 존재의 순수한 자기에 대한 현시나 순수한 적합성이 발생하는 장소를 "대타자" 혹은 "무의식" 자체 속에서 규정하기 위해 그러한 노력을 한다. 「문자의 심급」이 제시하는 '모호성'의 실체가 이것이다.

우리는 다른 게 아니라 이러한 모호성 자체를 전개하려고 노력했다. 시간이 지날수록 다음과 같은 사실이 더 분명해진다. 이 모호성은 라캉에게서는 언어와 글쓰기의 발명을 감수하려는 운동과 진리의 말을 창조하려는 항구적 욕망을 동일한 몫으로 분배하려는 모호성에 부응한다. 그리고 이것은 결국 하나의 치료가 그것으로부터 허용될 수 있는 하나의 권위나 제도를 이 말에 대해, 그리고 이 말 위에서 창조하기 위해서이다. 라캉은 "스스로 자신에게 권위를 허용하는" 정신분석가는 철학적 주체성이 가지는 확실성을 흉내 내거나, 철학과 더불어 정신분석 자체를 그로부터 배척하지 않는 대신 그것을 확실성 안에 가두는 위험을 감수해왔다는 사실을 그 어떤 사람보다 잘 알았다. 그럼에도 그 어떤 이보다도 라캉은 '그것ça'이 말을 하지 않는 그 지점으로부터 라캉 자신이 말을 하는 것을 스스로에게 허용할 수 있었고 그러기를 원했을 것이다. 그러나 라캉을 통해, 그리고 라캉 때문에 모든 역사에서는 이제 정신분석의 운명이나 처지가 문제가 된다. 그런데 이것은 더 이상 우리의 주제가 아니다.

1989년 5월
필립 라쿠-라바르트·장-뤽 낭시

일러두기

1. 원문의 《 》, 즉 저자들이 라캉의 원전이나 기타 텍스트를 인용한 부분은 " "로 표기한다. 대체로 텍스트의 출처가 명기되어 있지만 원문에 생략되어 있는 경우도 있다.

2. 저자들이 강조한 단어(원문은 이탤릭체)나 원어를 병기해 옮긴이가 강조한 부분은 ' '로 표기한다.

3. 원어는 필요한 경우에 병기했으며, 그리스어나 라틴어는 괄호 안에 뜻을 풀이했다.

책의 구성

다음에 이어지는 글들은 단지 분량 면에서 잡지의 한계를 훨씬 넘어서기 때문에 한 권의 "책"이라는 형태로 보일 것이다. 아마도 이러한 소개 (그렇다고 그렇게 '방대하지도' 않다)가 우리 서양 문화가 그 질료성 차원에서 (혹은 그것에 근거해서) "책"에 부여하는 효과들——일종의 '제본' (물론 이 표현은 은유적이다[1])이라는 효과——중 하나를 최소한 생산한다는 위험을 무릅쓰는 것이 불가피한 것 같다. 그리고 이 때문에 이것이 "라캉에 관한 한 권의 책"이 되려는 의도를 가졌을 것이라고 사람들이 생각하는 것도 불가피한 것 같다.

우리가 희망하는 것은 적어도 이 책의 독해가 그러한 효과를 사라지게 해야 한다는 것이다. 지시나 암시가 아니라면 라캉이 쓴 '하나의' 텍스트에 대한 해독의 수행 그 이상을 넘어서는 것이 이 책에는 없다. 이것

---

1) (옮긴이) '제본reliure'이라는 단어는 relire라는 단어에서 왔는데, 이 단어는 '다시 읽다'란 뜻을 가진다. 저자들은 보통 제본의 형식 때문에 사람들이 책이라 부르지만 여기에는 자신들이 의도하는 '재독해'의 은유가 숨어 있을 수 있음을 암시한다.

은 특별히 라캉의 텍스트 자체는 그 고유한 상황이 갖는 한계를 넘어 연구되거나 검토되지 않는다는 것이다. 즉 텍스트는 우선 라캉 작품의 연대기적 차원 속에서, 그리고 텍스트의 "이론적" 위치와 그 기능에 대해서는 사람들이 이 용어에 대해 취하게 될 그러한 의미에서 검토될 것이다. 이론적이라는 용어는 '연결articulation'처럼 텍스트에 대해 대학에서 통용되는 '기교'와 관련된다. 이것은 정신분석의 담론을 과학과 철학의 담론에 연결시키는 것을 목적으로 한다. 이것이 우리 연구의 유일하게 합법적이고 제한된 기능일 것이다.

다른 한편으로 앞으로 보겠지만 외형상 보이는 것과는 달리 잠정적으로나마 이하에서 라캉 저서를 치밀하고 체계적으로 "해석"하려는 생각이나 계획을 가정하는 일은 전혀 없을 것이다. 달리 말해 라캉 저서의 어떤 의미적인 규명이나 충만함을 겨냥하는 것은 아무것도 없다는 말이다. (도대체 무슨 권리로, 그리고 어떤 담론 속에서 그러한 위험을 무릅쓰겠는가?) 여기저기서 언급할 라캉의 다른 텍스트에 대한 언급들은 우리가 원하는 것처럼 분산되고 복수화된 주석의 형태로서만 그 의미가 있을 것이다. 우리 작업은 라캉에 대한(다시 말해 동시에—비록 직접적이지는 않지만—프로이트에 대한) "해석"이라는 문제의(혹은 문제 속에 있는) '결정 불가능성indécidable'에 의해서 촉발되었다. 그리고 이 작업이 유지되는 곳은 해석 불가능성 자체이다.

그러므로 다음과 같은 약간의 경험적인 설명만으로도 일단 이 책을 "그것의 자리에" 놓는 일, 즉 출판하는 일이 가능해질 것이다. 최초 보고서는 스트라스부르 대학 인문학부의 **기호와 텍스트 이론에 관한 연구팀**에서 (1972년 2월에) 발표한 작업과 연관된다. 두번째 판본은 1972년 5월에 월무 거리에서 자크 데리다가 진행한 한 세미나에서 소개된 것이다. 최종판은 출판에 불가피하게 따르는 약간의 차이 외에는 거의 수정을 하지 않았다.

두 사람의 서명자, 다시 말해 저자인 라쿠-라바르트와 낭시는 이 텍스트를 공동으로 다듬었다. 두 연구자가 장별로 최종 집필을 수행하긴 했지만, 작업 과정은 여기 혹은 저기의 몇몇 절들을 공동으로 수정한 문체로 바꾸면서 진행하였고, 더구나 한 사람의 "문체"가 다른 사람의 문체에 섞이는 것은 그때그때 선별적으로 살펴보지 않을 수 없었다. 이러한 글쓰기 과정에서 가장 두드러진 두 사람의 차이점들도 아마 충분히 발견되었을 것이다. 그러므로 우리의 작업은 '하나'의 책이 될 수 없으며, 마찬가지로 어떤 식으로는 '단순한' 독해가 아님을 독자들은 파악할 수 있을 것이다.

그런데 마지막으로 이런 양식의 법칙을 따라야 하기 때문에 이러한 독해를 시작하기 전에 우리 연구의 제목으로 사용된 '문자라는 증서 Le titre de la lettre'를 제 위치에 놓을 필요도 있다.

당연히 하나의 제목이 '필요하다.' 그러나 오늘날 제목이 가지는 모든 풍부한 의미론적 내용을 약간이라도 명확히 하지 않고 하나의 제목을 제안하는 것이 거의 불가능함은 모두가 알고 있다. 더구나 또 다른 동기 때문에 그 제목을 선택한다는 것도 독자들이 받아들일 것인가? 만약 우리가 그 제목을 선택했다면, 그것이 적지 않은 원천을 제공하기 때문이다. 그중에서도 특히 어떤 권리를 확보하고, 어떤 소유나 신분을 증명하는 서류를 의미하기 때문에 '증서'라는 제목을 선택하였다. 결국 라캉적 문자라는 이 '증서'를 생산하고, 해독하고, 진정성을 보장해야 한다. 또한 이 '증서'라는 제목은 금화나 은화의 가치를 지시한다. 우리가 잘 알 듯이 말이라는 것이 금화나 은화에 속한다면, 침묵일 때도 그러하다……

그러나 이 제목은 단순히 '문자의' '증서'로 읽을 수도 있고, '문자에 대한' 증서로도 읽을 수 있다. 어느 것이든 마찬가지로 우리가 읽으려고 하는 라캉 텍스트의 제목과 우리 제목이 일치하게 하면서도 그것을 무효화시킬 수 있는 한 방법이라고 할 수 있다.

　이 "증서"를 여기에 그대로 둔 채 (거의) 다시 건드리지 않으려는 것은 바로 그러한 이유 때문이다. 우리 작업의 첫 부분은 '라캉을 읽는 한 가지 방법'이라는 '부'제목이 유일하게 지시하는 것에 의해서 강조될 것이다.

독해의 순환

내가 쓴 『에크리』를 읽었다고 여러분은 내게 증명하려 하는데, 그것을 사람들은 아마 내 강연을 듣기 위해 필요한 것으로 생각하지 않는 듯하다(라캉, 「라디오포니」, 『실리세』, 2/3, p. 55).

사람들이 읽을 수 있는 그러한 『에크리』 출판은 독해에 대한 요청이었다.[1] 그런데 여전히 이 독해는 수행해야 할 일로 남아 있는 것처럼 보인다. 독해에 드는 시간은 언제나 지체되기 마련인데, 라캉에 대한 독해도 이러한 법칙에서 예외는 아니다. 더구나 라캉의 경우에는 이 법칙에서 더 벗어날 수 없었는데, 아마도 이 법칙이 요구를 욕망으로 변환시키는, 다시 말해 독해 자체를 금지하거나 거기에 제동을 걸 수 있었던 『에크리』나 혹은 그 주변에 있는 모든 것에 의해 강조되었기 때문이다. (신비로움이 없지 않은) 분석의 권위, 한 학파의 창설, 라캉의 말에 의한 이 동일한 효과의 생산과 반복 등이 『에크리』 주변에 있는 것이다.

그렇지만 여기에서 중요한 것은 욕망을 완수하는 것, 즉 라캉에 대한

---

1) 『실리세 *Scilicet*』, 1(Seuil, 1968)에 들어 있는 논문 "La méprise du sujet"와 "Raison d'un échec"도 참고하라.

'의미화significaton'를 명확히 하는 것이 아니다. 오히려 중요한 것은 이중의 법칙에 순응하는 것인데, 그 법칙을 통해 이 '텍스트'는 자신을 읽을 만한 것으로 제시하면서도 독해의 조건들을 끊임없이 벗어나게 하고 연기한다. 이렇게 함으로써 우리는 결국 가장 단순하고 적합한 의미에서 독해의 '우회détour'를 하지 않는 것은 불가능하다는 것을 보여주려고 한다. 비록 유일하고 강제된 경로를 조금씩 넘어서려는 것이지만, 그렇게 하면서 종국에는 '독해'가 그 자체로 텍스트 독해 속에서(혹은 그것을 통해) 읽히는 텍스트를 넘어선다.

이러한 독해가 전혀 '근거'가 없는 것은 아니라고 할 수 있다. 비록 스스로를 우선 고전적인 '주석'(고전적 주석은 근거들을 갖거나 혹은 적어도 그 근거의 하나를 가지며, 그것을 독해는 알지만 유일한 근거처럼 아는 것은 아니다……)이 복종하는 질서와 권위를 벗어나게 하고, 마침내는 그 자신 너머로 이끌고 가는 그런 행위에 대한 단순한 정당화가 있을 수 없다고 하더라도 말이다. 바로 이러한 이유 때문에 우리는 당연히 그래야 하듯 "근거들" 중 적어도 몇 개라도 내놓기를 거절하지 않았다. 비록 우리가 독해만이 홀로 줄 수 있는 이 '양상'에 대해 마치 예상한 것처럼 가정했지만 말이다. 왜(그리고, 그러므로, 어떻게) 라캉을 읽어야 하나? 왜(어떻게) 라캉의 '한 텍스트'를 읽어야 하나?

라캉을 읽는다는 것, 그것은 아마도 일반적으로 "이론적"인 영역에 대해 정신분석이 맺는 진정한 관계에 대한 질문이 그것을 통해 놓이고 (궁극적으로) 제기되는 이 담론을 읽는 일일 것이다. 실제로 라캉 이전에는 우리가 알고 있듯 (그런데 우리가 이러한 지식을 라캉에게 많이 빚지고 있다는 것을 인정해야 한다……) 과학과 철학——그리고 이러한 이름 아래 구성된 권위들——은 정신분석에 대해 다음과 같은 몇 가지 고전적인 태도를 통해 그들의 "대응accueil"을 보여준다. 이러저러한 이론적 장치에 대한 침묵(오해 혹은 부인), 공공연한 적대감, 병합, 목적에 대한 몰수나 인정, 이러저러한 이론적 장치로 관망하며 머물기 등. 더 엄밀히 말해 "대응"의 형태를 갖지 않은 것은 아무것도 생각할 수 없다. 이 형태란 정신분석을 하나의 기초, 하나의 정당화, 하나의 진리, 다시 말해 대부분을 아우르는 하나의 규준[2]에 종속시키는 것을 말한다.

프로이트 자신조차 분석의 혁명적 특성들에 대한 그 자신의 선언에도 불구하고 자신의 것[3]과 다른 이론적 권위에 종속되었거나 그럴 준비가 된 지엽적 과학의 지위 속에서 그것을 본질적인 것으로 견지했다.

라캉의 개입은 엄밀하게 말해 정신분석 자체가 이론적 장 속으로 개입할 수 있도록 하기 위해 "대응" 체계와 단절하는 것을 의도한다. 그러한 개입은 하나와 또 다른 것 그리고 둘 다를 아우르는 모든 전체적인 지형에 대한 새로운 흐름을 제안하는 데까지 나아간다.

결국 우리가 알고 있듯 유럽 너머의 추방지에서 다시 돌아와 심리학이나 앵글로-색슨 계통의 실용주의 기치 아래 "자아의 강화"[4]라는 길을 충실히 좇고 있는 정신분석 경향을 교정하거나 바로잡는 것이 중요하다. 이 길은 "나르시시즘적" 저항의 강화 혹은 그것의 "상상적인 동일시"의 총합이라는 길인데 사회, 정치 차원에서 궁극적으로 그것이 추구하는 목적은 유럽적인, 즉 "야스퍼스적인 이해" 혹은 "결핍된 인격주의"적 의미에 맞추어진 "자유로운 영혼과 영혼"[5]의 결합이다.

---

2) 이 규준의 언급에서 물론 그러한 이론적 권위의 전복을 이미 시도한 사람들을 제외해야만 한다. 게다가 몇몇 사람은 정신분석과 관계가 있다. 특히 그중에서도 조르주 바타유가 있는데 그 이름은 우리 독해에 다시 등장할 것이다.

3) 여기서는 프로이트의 가장 '명백한' 담론과 그 담론 속에서 의도적인 어떤 '신중함'의 효과가 문제가 된다. 그러나 우리는 여기서 프로이트를 '읽으려고' 하지는 않는다.

4) "La psychanalyse et son enseignement," *Ecrits*, p. 454를 참고하라. *Ecrits*에 수록된 모든 텍스트는 1966년 "프로이트의 장"의 시리즈로 쇠유 출판사에서 간행된 판본을 참조했다. 이제 부터 *Ecrits*를 표기할 때 *E.*라고 적으며, *Ecrits*에서 독해의 텍스트가 대상이 될 때는 단순히 각주로 처리하지 않을 것이다. 이것이 의미하는 바는 우리가 다루는 텍스트는 매 순간 단순히 인용되는 것을 넘어 다시 읽을 수 있다는 뜻이다.

그러므로 이러한 교정 기능에서 정신분석을 다시 끄집어내기 위해서
는 정신분석 자체에 대한 조정이 필요하다. 실천적인 임무가 이론적인
재건설을 함축하는 것이 바로 이 때문이다. 적어도 라캉의 담론은 이런
식으로 구성되었다. 다시 말해 기원으로 되돌아감을 통해 "이론적"인
것을 "실천적"인 것에 연결하는 체제와 고유한 정체성을 다시 복원하려
는 운동에 따라 구성되었다.

우리는 이러한 라캉적 제도의 큰 특징들을 잘 알고 있다. 다시 말해
프로이트의 진리는 그것의 전개를 위해서는 자신의 시대가 한계를 제한
한 것처럼 보이는 학문(생물학과 심리학)이 아닌 다른 학문에 도움을 요
청한다. 그러므로 일반적인 정신분석적 담론을 구성하기 위해서는 언어
학, 구조주의적 인류학, 조합의 논리에 호소하는 차용물의 시스템을 건
설해야 한다. 그런데 이러한 절차 자체는 자신의 고유한 적법성을 지닌
담론, 다시 말해 인식론적 담론을 필요로 한다. 이것은 이 담론이 하나
의 과학을 구성할 뿐 아니라, 새로운 과학성을 구성한다는 점에서 인식
론에 '관한' 하나의 담론이 되기 때문이다. 이러한 작용 전체는 결정적
으로 분석적 담론을 철학적 담론 속으로 통과시키는 것을 나타낸다. 프
로이트는 암묵적으로 그것을 암시하거나 지시하기는 했지만, 이러한 이
행을 '그런 식으로'는 전혀 실행하지 않았다.

여기서 고려할 문제가 바로 이 이행이다. 물론 우리가 그것을 이해한
다는 조건에서 말이다.

그런다고 해서 여기서 그 적법성을 평가하기 위해 혹은 그 적절함을
조사하기 위해 이 이행의 양상을 감정하는 것이 문제된다는 말은 아니
다. 이것이 제안하는 바는 사람들이 프로이트의 '진리'와 같은 어떤 것
을 이용할 수 있다는 것이다. 그런데 우리의 독해는 이러한 어떤 것에

---

5) "La science et la vérité," *E.*, 867.

의해서도 인도되지 않으며, 또한 이 독해는 분석 자체의 고유한 영역은 물론 그 실천, 혹은 라캉이 명명했듯 "임상"에 대해서는 더더욱 어떠한 것에도 의존하지 않는다.[6] 사정이 이와 같다면 (그리고 이러한 상황에 모순이 전혀 없지는 않지만) 그것은 아마도 능력의 문제 때문일 것이다. 그러나 이것은 우선 라캉 텍스트 자체의 이유와 거기서 실행되는 철학적 (담론 속으로의) 이행 때문이기도 하다.[7] 우리가 다시 발견할 정식인 "프로이트적 진리"는 이 텍스트 자체 이외의 다른 곳에서는 전개되지 않는다. 그것을 미리 예상할 수는 없고, 단지 해석해야 할 일만 있다. 다시 살펴보겠지만, 어떻게 보자면 단지 그 진리 자체를 넘어서는 곳에서만 이 작업이 프로이트의 독해를 시작할 수 있을 것이다. 이것은 또한 그것이 미리 판단하는 것 이상이다.

결론적으로 분석이 이론의 영역을 거칠 때 생산하는 것이 무엇인가를 조사하는 것이 관건이다. 이것은 "이론적인 것"에 대한 종속보다는 이것 속에 '개입'하는 것으로서 제시되는 그러한 기획이 과연 무엇인가를 "바깥"으로부터 질문하기 위해서 그런 것이다. 이 바깥이 이론 자체를 탐구하고 '조사하기'를 원한다.

---

6) 이것은 물론 좀더 앞에서 설정한 우리 독해의 고유한 한계이기도 하다. 그러므로 더 특수한 "임상적인" 라캉의 담론에 대해서는 어떠한 것도 미리 판단하지 않을 것이다. 우리는 다만 이론적 담론, 분석에 관한 이론, 이론으로서 담론을 통해, 그리고 그 속에서 하나의 "임상"을 규정하는 것을 (분석해야 할 것으로 남겨진 하나의 과정에 따라) 차후에 가능하게 만드는 것만을 해석할 것이다. 그러나 엄밀하게 라캉 작업의 총체적 목적에 비추어봤을 때 이러한 한계는 이 작용의 "한 측면"만을 우리가 "다룬다"는 그러한 차원에서의 한계가 아님은 당연하다. 만약 이론적인 순수한 관할권이 여기에서 불분명하게 되기 마련이라면, 마찬가지로 우리는 그것의 '분신'이라 인정할 만한 것도 갖지 않는다. 후자는 즉자적인 "실천"의 가장 순수한 권위처럼 소개하려고 하는 것이다.

7) 게다가 라캉 자신도 이처럼 자신의 『에크리』를 그 자신의 가르침, 그러니까 구두로 진행하는 세미나 전체에 비추어 특별하게 간주했다. 그 글들은 "(라캉) 세미나의 내용을 이루는 본질적인 것을 분명하게 드러내고," "거기에 더하여 이 내용의 본질적인 것을 연구하는 영역에 대해 그 시대의 정신분석의 관점에서 인식론적으로 비판하는 맥락 속으로 들어가게 한다"(리플레-르메르A. Rifflet-Lemaire, 『자크 라캉 *Jacques Lacan*』, Bruxelles: Dessart, 1970, p. 405에 있는 인터뷰).

확실히 이러한 연구를 라캉 텍스트 전체에 대해서도 진행할 수 있을 것이다. 다시 말해 체계가 그것의 장소가 되는 텍스트들의 다양성의 밖에서 이런 식으로 읽을 수 있거나 혹은 오히려 보이는 하나의 체계를 가정하는 것이 무엇인지를 조사하는 것이다. 라캉식의 체계성에 대해(적어도 '하나의' 글의 내부에서) 질문을 할 때가 되었다. 그러나 독해를 시작하기 위해서는 라캉 자신의 추정 외에 다른 추정은 필요하지 않다. 다시 말해 특별히 "모든 하나의 중심주의에 집착하는 오만함을 낮출 필요성"[8]을 강제하는 프로이트적인 혁명의 이름으로 이론에 대한 체계적인 담론을 수정(혹은 초월?)하려는 의지가 그것이다. 이처럼 라캉은 "〔자신의〕 진술들은 하나의 폐쇄를 정당화하는 이론상의 발표물과 아무런 공통성을 갖지 않는다"[9]고 선언할 수 있었다. 그러므로 말과 텍스트에 의해 완수된 하나의 단위처럼 각각의 개입을 만들어내려는 의지는 언술행위 속에서 매번 작업이 겨냥하는 모든 목적을 끌어 모으면서 같은 행위를 통해 언표된 것의 전체화를 연기시킨다.

그러므로 라캉의 '한' 텍스트를 읽는 편이 나을 것이다. 다시 말해 집중의 근원이면서 다른 모든 텍스트의 반복의 심급인 라캉 텍스트 '각각'을 읽는 편이 어떤 의미에서는 좋을 것이다. 더 나아가 사건과 상황적인 언술, 즉 말[10]의 원천을 내포하는 것을 놓치지 않으려는 유사한 의지를 가지고 '하나'의 텍스트를 마치 그것이 그렇게 되기를 원하는 유일한 텍스트처럼 읽는 편이 나을 것이다.

---

8) "Radiophonie," *Scilicet*, 2/3, p. 73.
9) 리플레-르메르와 나눈 인터뷰, 앞의 책, p. 405 참조.
10) 라캉 담론의 장소는 세미나이지 "쓰인 것écrit"이 아니다. 우리는 이것에 대해 다시 언급할 기회를 가질 것이다. 우리가 라캉의 '담론'에 대해 말할 때는 그러므로 그것을 항상 장소와 개념들의 관계에 대한 이론적 규정성과 "확장된 말"이라는 언어학적 의미의 "담론"의 뜻으로 동시에 이해해야 한다(R. Bartes, *Éléments de sémiologie*, I, 1.3 참조).

그러므로 여기서 아주 새로운 양상으로 이론적인 것에 '도달하는 것'이 무엇인지를 해명하는 것이 중요하다. 우리 독해는 그 출발점에서는 고유한 지위와 체계를 알 수 없는 하나의 "텍스트"를 물음의 대상으로 삼는다. 이 텍스트에 대한 독해를 통해 반드시 '텍스트'의 본성과 그 목적에 대한 질문을 던져야 한다. 만약 이것이 또한 하나의 '질문'의 대상이 될 수 있다면 말이다.

달리 말하면 우리 독해는 이 독해에 대한 다음과 같은 모든 '질문'이 그곳에 포함되어 있는 이 순서를 따르려고 할 것이다. 라캉의 텍스트에 대해서는 사정이 어떠한지(?), 만약 문제되는 것이 하나의 '텍스트'라면(?) 어떤 의미에서 그렇고, 만약 여기에 하나의 '의미'가 있는지, 만약 있다면 도대체 어디까지 포함되는지 등을 말이다.

우리가 읽으려고 하는 텍스트는 「무의식 속에서 문자의 심급, 혹은 프로이트 이후의 이성」이다.

1957년 발표되고 작성된 이 글[11]은 당시 정신분석 학회들이 단행한 두 차례에 걸친 라캉 제명이 발생했던 1시기의 중간 지점에 위치한다. 그런데 이 시기 라캉의 작업은 정신분석의 실천과 제도적인 장에서 가장 명백한 단절의 효과들을 만들어내고 있었다. 같은 해에 『에크리』를 여는 핵심 텍스트인 「「도둑맞은 편지」에 대한 세미나」[12]가 『정신분석』 전년 호에 수록되어 출간된다. 라캉은 자신의 분석가 청중을 위해 다룬 포의

---

11) 라캉은 계속해서 어떤 집요함을 가지고 여러 차례 이 글을 언급했다. 특히 「라디오포니」 여러 곳과 1971년 라루스 출판사에서 출판한 『문학 Littérature』 3권에 수록된 「리튀라테르 Lituraterre」, p. 5를 보라. "내가 말한 『에크리』의 여러 단편들 중 하나…… 즉 「문자의 심급」이라는 제목에 무의식의 이유로 놓은 것은 죽은 문자인가?" 등. 그렇지만 이 글을 더 중시하는 것이 문제의 본질이 아니라는 것을 간단히 언급하자. 아마 다른 글들도 여러 명목으로 라캉식 장치(예를 들어 「도둑맞은 편지」 「남근의 의미」 「주체의 전복」) 속에서는 그만큼 중요할 것이다. 한편으로 앞의 글들은 그것들의 기반이 되는 담론에 관해 보면 이 담론, 즉 문자의 심급 없이는 아주 읽기가 어렵다. 또 한편으로 우리 독해가 적용되는 곳은 바로 이 글의 이론적 특성("특권"이 아니다), 즉 이론이 취하거나 관계하는 고유한 순환이다.

편지(소설)를 다시금 취해 대학의 청중, 즉 라캉을 초청한 소르본 대학의 학생들[13]을 위해 문자의 '심급'에 위치시킨다. 대학에서 라캉의 명실상부한 최초 개입은 이런 식으로 이루어졌다. 이것은 어떤 식으로는 "이론적인 것" 속으로 가는 이행('이론적인 행동'으로의 이행 — '행동화' —이라고 위험을 무릅쓰고 말해야 하는가?)의 상징, 게다가 행동 자체이다. 「문자의 심급」에서 정신분석은 그 자신을 위해 그 자체로 고려된 이론의 장에 자신의 이론을 연결시키거나 아니면 이론에 대해 스스로를 맞추어 나간다. 우리는 이 글을 어떻게 '연결의 텍스트'로 읽을 수 있는지 살펴보고자 한다.

어쨌든 출판을 위해 쓴 서문에서 라캉은 이 텍스트의 위치를 이렇게 부여했다. 여기서 간단하게 이 서문의 핵심을 분석하면서 우리는 이 '선행-텍스트pré-texte' [14]를 통해 우리 독해를 시작하려고 한다. 이 선행-텍스트는 그 자체가 자기 담론을 만드는 '기회'에 대한 라캉의 독해이며, 담론을 그 기회 속에 기입시키는 것이 된다. 이 기입은 다음과 같은 세 가지 영역에 대해 행해진다.

1. 「문자의 심급」은 대학의 담론, 혹은 적어도 어떠한 소통을 위한 '보편성universitas,' 즉 라캉이 더 이상 전문분석가들에게만 말을 하지 않는 시기부터 가정된 "필요한 일반성"(*E.*, 494)에 따라 대학인들에게 제시된 담론이다. 또한 동시에 이 담론은 그의 청중의 "문학적……소

---

12) 1955년의 한 세미나에서 나온 이 텍스트는 라캉이 지적한 것처럼(*E.*, 61) 「문자의 심급」이 집필된 시기보다 아주 약간 앞선 시기에 다듬어진 이론적 특징을 지니고 있다.

13) *E.*, 908 참조.

14) (옮긴이) 저자들은 여기서 일부러 하이픈을 집어넣어 pré-texte라고 이중의 의미를 부여하는 재치를 발휘한다. pré는 '앞에' '먼저의'라는 뜻을 가진 접두어이고 다음의 texte가 본문을 가리킨다고 보면, pré-texte는 서문의 뜻을 나타내지만 한 단어로 보면 '기회' '계기'로 이해할 수 있다.

양"(*E.*, 494)에 맞춰 특화되었다. 이처럼 대학이 '지식,' 특별히 문학으로 지시하는 것이 "문자"에 대한 라캉의 이론화에 적합한 것으로 증명될 것이다.

2. 「문자의 심급」은 동시에 과학적 담론, 적어도 더 넓은 의미에서 어떠한 '진리'에 관한 담론, 여하튼 어떤 "진실성"(*E.*, 494)에 관한 담론으로 존재하기 위해 지식의 영역에서 지탱되는 담론이다. 자기 발표문의 서두를 쓰면서 라캉은 여기서 단도직입적으로 '고약한(허위의)' 기준 지식을 배제하는데, 그러한 예는 특히 사피어와 예퍼슨의 민속언어학을 들 수 있다. 라캉은 정신분석에 대한 모든 "잘못된 정체성"(*E.*, 494)을 고발하고 단죄함으로써 자기 제안의 궁극적 목적을 분명히 한다.

3. 결과적으로 이 담론은 분석가들에 대한 담론, 다시 말해 만약 그렇게 말할 수 있다면 두 가지 상이한 담론을 중재하여 분석가들에게 제시하는〔그런 식으로 "분석가 형성에 관한" 담론이 되는(*E.*, 494)〕 그러한 담론 '이외의' 다른 것이 아니다. 이 중재야말로 라캉이 자신의 담론을 위해 "수단으로 삼을 줄"(*E.*, 494) 알았던 그 기회에 모든 중요성을 부여한다. 문학에 관한 어떠한 지식이 소통되는 "학문적인 보편성universitas litteratum"이 바로 프로이트가 분석가들에게 불가결한 과정으로 간주한 그러한 장소이다. 바로 이 장소로부터 담론은 정신분석에 대한 "진정한" 정체성(*E.*, 494)을 생산한다고 주장할 수 있다.

그러므로 주요한 목표는 과학과 '보편성universitas'의 요구에 부응하는 하나의 담론이다. 라캉의 텍스트 역시 그것의 문맥들 속에, 그리고 그 사이에 '담론'으로 자리를 잡는다. 만약 라캉이 "나는 사람들이 나의 담론에서 갈피를 잡을 수 있도록 언제나 이정표를 놓는다"[15]라고 말한다면, 그것은 결국 그것에서 개념의 지표와 노선(고유한 의미의 개념적인

---

15) "Radiophonie," *Scilicet*, 2/3, p. 13.

절차, 유입 혹은 생산)을 발견하는 것이 가능하기—혹은 쉽기—때문이다.

이처럼 담론의 "고전적인" 권위에 대한 전복에 도달하는 이 텍스트가 지니는 최소한의 역설은 그것이 모든 운동을 통해 실행하는 것처럼 보이는 또 다른 고전적인 담론의 재구성이 아니겠는가. 여전히 이 역설을 읽어야만 하고, 이것을 위해서는 보편적인 독해, 다시 말해 라캉 말의 가장 번뜩이는 효과에 비추어볼 때 무겁고, 실효도 없고, 또한 환원적이며, 지치게 만드는 그러한 행보를 갖는 학문적 '주해'에 대해 아무것도 거부하지 않는 것에서 시작해야 한다. 이렇게 함으로써 적어도 라캉 말의 가장 결정적인 규정들을 과하거나 모자란 것처럼 과도하게 주목하는 것을 피할 수 있을 것이다.

그러므로 우리가 보기에 라캉의 "텍스트"는 "텍스트 주해"의 정식과 양상에 부합되는 방식 속에서 그것의 첫번째 지위를 발견한다. 우리가 문자에 대한 이론이 자리 잡고 있는 우리 글("문자의 의미")의 첫번째 장에서 그러한 방식을 선택하면서 주해를 통해 시작하는 것도 이 때문이다.

그러나 이러한 주해가 문제가 아니라 그다음 두 장(「문자의 심급」: '문자' '존재와 타자')에서 단지 첫번째 장의 '반복'으로서만 나타나는 것을 해독하는 것이 더 중요하다. 이 반복은 문자의 이론을 정신분석 자체에 연결하는 것, 다시 말해 소쉬르와 프로이트를 연결하고, 이 연결 자체는 그의 시대에 나타나게 될 또 다른 인물이나 또 다른 이름들을 통해 또 다른 영역에서 계속해서 연결되는 것임을 알 수 있을 것이다. 그러므로 우리 독해는 이제부터는 반복과 연결이 되풀이되면서 분명히 아주 복잡해질 것이다.

다시 말하면 우리 독해는 특별히 라캉 서문이 그 자신이 언급한 것의 중복되고 혼합된 체계로서 설정한 것을 대상으로 할 것이다.

만약 글쓰기가 "텍스트의 우월성을 통해 구분된다면"(*E.*, 493), 그리고 '텍스트' "담론의 이 배달자"(*E.*, 493)가 그 자체로 "독자에게 그 입구에 들어가는 것 외에 다른 출구를 주지 않는……협소함"(*E.*, 493)을 통해 특징화되어 있다면 그것은 결국 "글쓰기"(*E.*, 493)가 아닐 것이라고 라캉은 말한다. 여기서 담론의 배달자란 우편배달부와 수학적인 매개변수 사이에 머물면서 그것에 대한 '발표' 자체가 우리에게 "의미"를 부여하는 그런 것이다(*E.*, 493).

"텍스트"가 여기에서 이해를 허용한다면 '텍스트'란 단어는 개념적인 과정을 강제하는 필요성과 이 과정에서 파생하는 여분 없는 순환성 속에서 '담론'의 이상적(절대적) 가치를 가진다는 사실을 이해하자. 그리고 이 이상적 가치가 여기서 "더 우월"해서는 안 된다는 것도 이해하자.

발표는 그러므로 "글쓰기와 말의 사이"(*E.*, 493)에 위치하게 될 것이다. 왜냐하면 "상이한 조치들이 라캉이 모색하는 교육의 효과에 본질적이 되는 것"(*E.*, 494)은 말로부터 가능하기 때문이다. 그러므로 중도에서 담론으로부터 멀어지고 담론을 괴롭히는 것을 읽을 필요가 있고, (담론의) 청취와 (텍스트의) 독해 사이에서 그것을 읽어야만 할 것이다. 우리 독해에서 라캉의 '텍스트' 혹은 최소한 사람들이 이해하듯 단어의 '강한 의미'에서(그러나 여기서는 엄밀하게 말해 의미에 대한 담론적 논리에 따르면 가장 덜 규정적인 의미에서) 볼 때 최소한 그런 '텍스트'로 우리가 탐구할 수 있는 것들을 이러한 간격 속에서 찾아야만 한다. 혹은 이 텍스트들은 줄 사이에서—오히려 구절들 사이에서—해독해야 하는 것으로 알리는 이 절반의 부재처럼 찾아야만 한다. 좀더 엄밀하게 말해 여기서 '텍스트'의 문제는 라캉의 발표문 속에서 들어야 하는(이해하고, 해석하고, 아마도 믿어야 하는) 담론과 읽어야 하는 텍스트 사이의 간격과 간격 없음의 대상이 되는 문제들일 것이다.

우리의 주해—아주 명시적인 담론으로 재구성하거나 문자화하는 것—는 물론 이제부터는 그 자신의 '차례가 되면'[16] 파괴해야 한다. 우리는 단순히 그러한 차례에 순응하기 위한 그러한 해설 방식에 대해서는 준비되어 있지 않고, 오히려 그 지위를 (단어의 모든 의미에서) 초월하기 위해 해설의 결과를 연구하려고 한다. 이 지위란 라캉 "텍스트"의 복잡한 동기에 순응하는 독해가 감수해야 하는 그러한 지위이다. 비록 우리가 미리 어떤 '차례에,' 다시 말해 어떤 '텍스트'에서 그러한 파괴가 일어날 수 있는지, 라캉의 텍스트 '때문에' 파괴가 발생하는지, 그것과 '무관하게' 혹은 더 단순한 어떤 다른 요인에 의해 발생하는지 미리 제시할 수 없지만 말이다.

이렇게 해서 우리는 궁극적으로 우리 독해가 반드시 라캉 텍스트 속에 있는 어떤 '은유'의 놀이라는 해독을 통해 이루어진다는 사실을 인정하게 될 것이다. 이 은유란 엄밀하게 말해 '문자의 심급'이라는 텍스트의 모든 것을 미리 지배하는 서문(*E.*, 493)의 경구 속에 들어 있는 그 은유이다. 레오나르도 다빈치가 지은 『예언서』[17]의 발췌문인 이 경구는 관습적인 장르에 포함되는 텍스트의 집합에 속하는데, 이 텍스트에 대해 사람들은 항상 제목들이 예언의 내용에 대한 은유처럼 작동한다는 것을 알고 있다. 예를 들어 여기서 "배내옷을 입은 아이들"은 노예 상태를 은유하며, 이 상태 자체는 한 언어를 또 다른 언어에 예속시키면서 표현된다. 이 예속이란 한 언어를 감정적 "언어"라는 반침묵의 상태로 만든다. 그러므로 라캉이 보기에 이제 예언은 언어로서의 무의식'과' 같은 무의

---

16) 지금까지 라캉에 대해 여기서 생산된 '주석들'이 적어도 해석하거나 반복하기를 원하는 "텍스트" 속에 있는 주석처럼 그렇게 다뤄지지 않았다는 것을 말할 필요가 있다. 여기서 우리가 말하는 텍스트나 발표문들은 전적으로 라캉에 대한 지속적인 참고문이자, 더욱이 라캉의 주제들을 "반복"하는 것으로 의도적으로 제시되면서도 또 한편으로는 해설서가 되려고 하지 않는 그런 텍스트라는 것은 자명하다. 예컨대 이러한 텍스트로 다음과 같은 것이 있다. M. Safouan, "De la structure en psychanalyse," *Qu'est-ce que le structuralisme?*, Seuil, 1968.

17) (옮긴이) 레오나르도 다빈치는 생전에 그가 구상한 여러 가지 발명품, 건축물, 그림들을 완성하기 전에 자신의 노트에 그림으로 그리고 그 뒷면에는 그에 대한 설명이나 여러 낙서를 남겼다. 현존하는 노트의 수는 애초보다 분량이 다소 적은데 다빈치 사후에 바로 출판되지 않고 분산되었기 때문이다. 지금 말하는 『예언서』는 그 노트의 일부분이다.

식에 대한 (이 동일한 무의식에 대한 "잘못된 정체성"이라는 정신분석학적 의미에서) 사회적 압력'의' 은유나 암시가 되거나, 아니면 라캉과 프로이트에게 선언되는 진리에 대한 은유 혹은 암시가 된다.

무의식은 은유를 통해서만 자신의 "의미"를 생산한다는 사실, 이것을 라캉의 발표는 제시하려고 한다. 라캉의 텍스트는 그러므로 그것이 드러내야 하고 연구해야 하는 것을 경구로 갖춘다. 하나의 경구란 텍스트의 흐름에 따라서만 읽을 수 있기 마련이고 경구는 언제나 텍스트에 대한 어떤 '은유'가 되는데, 바로 여기에 경구의 고전적인 상황과 기능이 있다. 그러나 이러한 가독성이 그 고유한 체제로서 경구—은유—자체의 기능 혹은 '은유의 문자성'에 도달한다는 사실, 그것이 라캉 담론의 여정을 그러한 비유법 '속'에 봉인하는 것처럼 보인다. 이처럼 우리 독해의 마지막 순서를 지배하는 라캉 "텍스트"의 최종 "상태"는 일반화된 이러한 종류의 은유화 혹은 은유에 대한(그리고 은유의) 동일시일 것이다.

지금으로서는 그것의 기능에 대해 아직 언급하지 않고 우리 독해의 대상이 되는 경구들을 여기에 언급할 기회만을 가질 것이다.

"······우리는 과학 용어Termini, 다시 말해 심리학(좀더 엄밀하게 말해 심층심리학)의 고유한 형상 언어die eigene Bildersprache를 가지고 연구를 해야만 한다. 우리는 이 언어 없이는 그 심리학에 적합한 과정들에 대해 절대로 아무것도 묘사할 수 없고, 그것을 지각조차 할 수 없을 것이다. 만약 우리가 생리학 혹은 화학의 용어들을 심리학의 용어로 바꿀 수 있었다면, 우리가 하는 기술들의 허점은 아마 사라질 수 있을 것 같다.. 확실히 이 용어들도 마찬가지로 형상 언어에 속하지만, 이 언어들은 우리에게 아주 오래전부터 친숙하면서 더 단순한 언어에 속한다"(프로이트, 「쾌락 원리를 넘어서」, *G. W.*, t. XIII, p. 65).

이제 읽기를 (다시) 시작하는 것이 아마도 가능할 것 같다.

만약 라캉의 이론들을 그 전체 속[18]에서 명명하기 위해 다른 곳에서 생산된 정식을 우리가 답습하는 것이 가능하다면 해설의 첫번째 단계는 '시니피앙의 논리'가 될 것이다.

18) J. A. Miller, "La suture. Éléments pour une logique du signifiant," *Cahiers pour l'analyse,* n° 1. 압축을 제외하면 이 형식은 라캉의 문자에 순응한다. 예를 들어 *E.*, 468과 *E.*, 469 등을 참고하라.

제1부

시니피앙[1]의 논리

---

1) (옮긴이) 시니피앙signifiant과 시니피에signifié는 문맥에 따라 기
표와 기의로 번역해서 쓰기도 했다. 특히 시니피앙이나 시니피에가
다른 단어와 결합해서 한 단어처럼 쓰일 때는 기표, 기의로 풀어쓰
는 게 더 뜻이 분명해지기 때문이다.

이제 '해석하는 것'이 관건인 만큼 시작을 위해서 이 책의 첫 장을 알리는 '문자의 의미'라는 부제목을 강조하자.

아마도 우선 이 부제목을 엄밀하게 여러 가지 의미로 이해해야 할 것이다. 다시 말해 (여기서 그것에 대한 주석이 약간은 강압적으로 제시된다 할지라도) 그것은 우리가 '의미'라는 단어에 부여하려고 하는 그러한 뜻과 사람들이 속격의 전치사에 부여하는 가치에 따라 이해해야 한다. 예를 들어 다소 강하게 속격을 강조하자면 '문자라는 개념에 대한 의미화' 혹은 '문자가 생산하는 의미'(그것이 문자인 의미) 혹은 사람들이 "사건의 의미를 알다"라고 말할 때처럼 '문자의 의미를 알다'의 경우 등이 있다. 그러나 또한 의미를 '무의식 속에서 문자의 심급, 혹은 프로이트 이후의 이성'처럼 일반화된 제목에 연관 짓는 것 역시 불가피하다는 것은 분명하다. 만약 그렇게 말할 수 있다면 이것이 결국은 첫번째 응용이다.

하나의 제목에 대한 해설은 언제나 그것이 이끄는 텍스트의 독해가 완성된 것처럼 가정한다. 그러므로 비록 계략적이라도 그러한 위험에 빠져서는 안 될 것이다. 그렇지만 우리가 읽어야 하는 텍스트를 적어도 이

제목에 연관시켜야 한다면(이것이 고전적 규칙이다) 이 제목에 대해 선행되는 강조점이 두 가지 제시될 수 있다.

첫번째는 '심급'이라는 단어 혹은 개념의 사용에 관계된 것이다. 물론 개념에 대해 말하는 것은 이미 몇 가지 주의를 해야 한다는 것을 약간이나마 예측하는 것이 가능하고, 라캉에게 개념은 여기서 보듯 언어유희(라캉의 언어에 대한 유희라고 말하지 않아야 한다) 위에서 완성된다는 것이 사실이라는 것을 전제로 한다. 결국 '심급'은 '리트레' 사전[2]에 따르면 원래 '강압적인 요청'(간곡하게 부탁하다……)이나 '논증' 혹은(소송이 고소와 방어를 가정하고 결국 논증들을 대립시킨다는 점에서) 하나의 '소송'을 의미한다. 그로부터 발전하여 그 의미가 이젠 고전 언어에서는 '사법 당국'(예를 들어 판사, 법원)을 의미하는 것으로 굳었다. 그러나 오늘날의 언어에서 이 용어의 엄밀한 뜻은 거의 사라졌고, 우리는 '심급'을 아주 폭넓게 '결정의 권한을 가진 당국'(게다가 이 의미를 '리트레' 사전은 무시하지만 '로베르' 사전은 신조어의 의미로 간주한다)을 의미하는 것 이외에는 '심급'이라는 말을 거의 사용하지 않는다. 문자의 심급은 그러므로 문자가 지니는 권위를 말한다. 거기에다 현대적 용법에서 그것은 말의 오용도 아니며, 라틴어 instare(～밑에 있는)가 지닌 최초 의미도 여전히 발견된다. 심급의 이러한 의미적 가치를 여전히 강조할 것이고, 그러므로 제목은 여기서 문자가 행사하는 지배적인 지위, 그것이 점유하는 중심 자리를 겨냥한다. 이 자리로부터 문자는 결정하는 권한을 갖고 권위를 행사한다. 달리 말하면 자신의 지위를 통해 문자는 지배하고 규칙을 제정한다. 그러나 또한 재담의 가능성을 염두에 둔다면 '심급'이라는 단어가 또한 (반복을 나타내는 음절을 제외하더라도) '고집

---

2) (옮긴이) 리트레 *Littré* 사전은 주요 저자인 에밀 리트레Émile Littré의 이름을 따서 리트레라 부르며 1863~72년에 첫판이 발행된 이래 현재까지 계속 사용되고 있다. 특히 고전 프랑스어와 17~19세기 문학적 표현을 잘 보여주며, 어원에 관한 상세한 설명으로 유명하다. 2004년부터 '누보 리트레*Le Nouveau Littré*'와 '누보 프티 리트레 *Le Nouveau Petit Littré*'란 이름으로 새로운 판본이 출판되고 있다.

insistance'의 뜻을 가짐을 알아야 한다. 게다가 최초의 의미에서 '고집하다'는 요청을 계속하다, 끈질기게 부탁하다는 뜻이다. 우리가 알기로 아마 어디에서도 고집이라는 단어는 라캉에 의해 그렇게 명백하게 강조되지 않았다.[3] 그러나 곧 보겠지만 이 텍스트 자체(*E.*, 502) 속에 이미 고집이라는 단어가 보인다. 그리고 그것은 물론 라캉 담론의 주요한 개념과 관계된다. 그 개념은 간단히 말하자면 강박처럼 '시니피앙 연쇄'의 특수성을 보여주기 위한 것이다. 다시 말해 그것은 프로이트의 '반복강박Wiederholungszwang,' 즉 반복의 자동화 원리인 의미의 무한한 연장을 말한다.[4] 문자의 심급은 그러므로 이러한 의미에서 아마도 그것의 고집스러움, 즉 의미의 보류 같은 어떤 것을 뜻하는 것 같다. 아마 이러한 것들이 첫번째 장[5] 부제목의 해석을 틀림없이 복잡하게 할 것이다.

　두번째 강조점은 우리가 「무의식 속에서 문자의 심급, 혹은 프로이트 이후의 이성」이라고 붙인 제목의 중복성에 관해 보여주려는 것이다. 아주 고전적인 중복성은 대체로 희화적인 것이기도 하다. 중복성은 어쨌든 의미의 미끄러짐에 우리가 조심할 것을 요구하며, 중복성이 그것의

---

3) 1971년 10월에 발행된 『문학』 3권에 수록된 「리튀라테르」, p. 5를 제외하고 말이다.

4) 예를 들어 *E.*, 11과 *E.*, 557을 참조하라.

5) 이 모든 것은 결국 1년 전(1956년) 벤베니스트가 제안했던 것을 생략하지 않아야 한다는 조건에서 유지될 수 있다. 그는 "매번 유일하고, 그것을 통해 언어가 청자에게 말로 분절되는 비밀스러운 행위"를 지시하기 위해 "담론의 심급"이라는 개념을 제한했다(『일반언어학의 여러 문제*Problèmes de linguistique générale*』, p. 251). 그런데 이러한 정의는 우리가 아는 것처럼 바로 "고유명사들의 본성"에 대한 분석을 수행하는 데 도움이 된다. 이 분석 속에서 그것을 나중에 재정식화하게 될 야콥슨("Les embrayeurs……," *Essais de linguistique générale*, p. 178과 그다음을 보라)에 대한 경의의 형태로 언술 행위와 담론의 "지시자"에 대한 이론이 구성된다. 이것에 대해서는 물론 나중에 다시 말할 것이다. 그런데 아리스토텔레스에게서 'ἔνστα'(계략, 처리, 운영)은 반박의 논리 속에서 보통 우리가 논박할 상대의 추리에 대립시키는 '장애물'을 의미한다(*Rhétoriques*, II, 25, 1402a; 참조: "Premiers analytiques," *Topiques*, VIII, 2, 157ab)는 것을 또한 망각해서는 안 될 것이다. 이러한 "심급"은 특별히 하나의 보편적인 단언에 대립하는 예외의 의미이다. 이 '토포스topos'(장소, 위치)의 한 예를 우리는 다음과 같이 그것의 가장 "적절한" 가치를 높이 평가하는 것에서 볼 수 있다. "어떤 장소에서는 자신의 아버지를 죽이는 것이 선인데 예컨대 트리발레 족속이 그러하다. 하지만 그것은 절대로 좋은 것이 아니다"(*Topiques*, II, 11, 115b).

(계획된) 기회가 되기도 한다. 여하튼 다음을 강조하자. 프로이트 이후라는 것, 그 이후라는 것은 프로이트와 더불어 어떤 분열 혹은 단절이 있다는 것이고, 이성은 이제 사람들이 이전에 이 단어로 연상했던 것이 아니라 무의식 속에 있는 문자의 심급(혹은 고집)이라는 것이다. 다시 말해 두 가지가 있다. 이성은 그것이 문자라는 것'과' 이제부터 이성은 무의식 '속에서' 그것을 '통해' 진행된다는 것(여기서 겨냥된 문체적 효과는 단어의 수사학적 의미에서 명백하게 반명제의 그것이다)이다. 언어유희를 통해 이성에 대해 첨가하자면, 이러한 "엄밀함"은 여하튼 지나가면서 서문 속에서 우리가 이미 읽을 수 있었던 다음과 같은 것을 확증한다. 이 텍스트는 공공연히 '철학적'인 텍스트처럼 단번에 제안되었다. 무의식이 겨냥하는 어떤 것, 무의식 속에서 지배하고 문자를 고려하는 것이 그런 식으로 규정하는 어떤 것, 의미에 대해 작용하는 것이 겨냥하는 어떤 것, 이 모든 것은 일반적으로 '비율ratio' 혹은 '로고스logos'로 알려진 이성의 정의를 건드린다. 그것은 결국 이러한 사건, 변화 혹은 전복을 텍스트가 대상으로 취한다.

이처럼 제목과 부제목의 이원적 놀이에 의해 열려진 전망 속에서 우리는 이 첫 장에 대한 해설을 시작할 것이다. 용이하게 소개하기 위해서, 그리고 모든 해설에서 그러한 것처럼 우리 연구의 배치를 보여주기 위해 하나의 논리(도대체 어디까지 그것이 가능한지 곧 보겠지만……)를 구축하는 것이 중요하기 때문에 우리는 가장 가시적인 연결에 부합되도록 텍스트를 크게 네 단락으로 나누려고 한다. 어차피 그렇게 할 바에는 각 장에 또 하나의 제목(이 제목들은 우리가 그것에서 읽으려고 하는 최소한의 대상을 제시할 것이다)[6]을 두도록 할 것이다.

---

6) 독자들은 또한 "심급"에 대해 비록 라캉이 이것에 대해 어떤 암시를 하지 않았지만, 이 단어가 콰인이 자신의 논리학에서 부여한 의미로 이해해야 하지 않겠는가를 탐문해볼 수 있을 것이다. 가장 단순하고 가장 일반적인 경우에 그것은 계산에서 상징처럼 사용되는 '문자'를 대체할 수 있는 명제 혹은 명제들을 가리킨다. "모든 명제는 어떤 문자의 심급이다"[W. V. Quine, *Logique*

이 장의 첫번째 부분은 텍스트의 두 단락, 즉 495쪽부터 497쪽의 첫 번째 단락까지 포함한다. 우리는 그 단락에 대한 해설의 제목을 '문자의 과학'이라고 명명한다.

élémentaire, J. Lareault & B. Saint-Sernin(trans.), Colin, 1972, p. 74]. 그러므로 라캉이 붙인 제목을 다음처럼 해석해야 할 것이다. 명제(언표, 담론)는 무의식 속에서 '문자'의 '심급' 이고, 이것은 어떤 상징이 아니라 '그' 문자 혹은 문자성 자체(상징계 자체)이다.
텍스트 전체는 어쨌든 그것에 대해 다시 말해야 하는 논리의 전환이라는 기호 속에 놓인다. [콰인의 용어 활용법은 프랑스어보다는 영어에 의한 대화와 스콜라 철학의 'instantia'(소송, 탄원, 문제에 대한 제기)에서 이해된 가치에서 유래하였다는 것을 첨가하자, 예컨대—일반적 으로 증거나 표현의 도구—단언의 근거인 기호나 표시가 그것이다.]

1. 문자의 과학

문자의 과학이 단번에 구성되지 않는다는 것은 자명하다. 예전에는 (그리고 이것이 이 두 쪽의 목표이다) 그 과학의 대상, 즉 '문자' 개념을 정의하는 것이 문제였다. 도식적으로 이 정의를 재구성하기 위해 다음과 같이 제안할 수 있을 것이다.

우선 문자는 본질적으로 '주체가 그것에 연루되는 언어의 구조'를 지시한다. 그것의 양상이 어떠하든지 이 연루는 단순히 시초를 의미할 뿐 아니라, 또한 차후 설정하게 될 모든 논리의 근본이라는 뜻이기도 하다. 문자가 주체를 함축한다고 말하는 것, 그것은(495쪽의 표현에 따르면) "문자라는 것을 말 그대로 이해하기" 훨씬 전에 주체를 문자 '속에서' 이해하는 것이다. 이것은 아마도 주체를 문자에서 취하는 방식으로 신속하게 제시될 것이다.

이러한 주체의 '문자화littéralisation'는 이중적이라고 할 수 있다.

한편으로 "언어는 각각의 주체가 그의 정신적 발달의 순간에 생성하는 그 시초보다 선행하는 그것의 구조를 갖는다"(*E.*, 495). 이것 때문에 야콥슨을 참고하면서 특별히 그의 유명한 실어증에 대한 텍스트(「언어의 두 측면과 실어증의 두 유형」)를 나름대로 활용하는 것이다. 적어도 현재 라캉이 야콥슨의 글에서 동의하는 것은 보통 그 '원인'이 전적으로 해부학적인 것으로 알려진 실어증이 해부학적인 것이 아니라 실은 가장 기본적으로는 언어의 구조에 따라 결정된다는 것이다. 그러므로 여기서 심급은 언어의 구조 자체이다.

다른 한편으로 문자화는 주체가 화자로서 언어의 구조로부터 '자기 담론의 물질적 매체'를 차용한다는 사실을 의미한다. "라캉은 문자는 구체적인 담론이 언어에서 차용하는 물질적 매체를 지시한다고 말한다"(*E.*, 495). 여기서 두 개념이 문제가 된다. 먼저 '구체적인 담론'이라는 개념. 이 개념은 구조로서 언어와 (소쉬르적 의미에서 언어의 개인적인 실천인) 말에 동시에 관계되는 것으로 정의되는데, 이것은 두 개념에 공통적인 요소를 취하기 위함이다. 다음으로 이 공통 요소도 대화 속에서 "말이라는 상호주체성"의 측면과 언어(그리고 주체)의 "초개인성"이라는 이중의 측면으로 특성화된다(여기서 우리는 「정신분석에서 말과 언어의 기능과 장」이라는 제목이 붙은 텍스트의 몇몇 정식을 차용할 것이다) 라캉은 다음과 같이 말한다. "정신분석의 수단은 말인데 그것이 개인의 기능에 의미를 부여하기 때문이다. 그리고 정신분석의 영역은 주체의 초개인적인 현실의 장이 되는 구체적인 담론의 영역이다."[7]

문제가 되는 두번째 개념은 '물질적 매체support matériel'라는 개념이다. 여기서 다음 두 텍스트를 참조할 것이다. 하나는 「「도둑맞은 편지」에 대한 세미나」로 포의 단편소설의 제목이기도 하고, 주지하듯 너무 공공연해서 아무도 그것을 보지 못한 장소에 감춰진 문자(편지)를 근거로 라캉은 '시니피앙의 물질성'을 위치화에 대한 시니피앙의 능력이자 "장소에 대한 그것의 관계"[8]라 부른다. 그런데 만약 위치화가 객관화된 현실에 있는 한 장소와 그것의 분할 불가능한 특징을 가리키는 것이라면

---

7) *E.*, 257.
8) *E.*, 23.

위치화란 언제나 낯설게도 '자기 자리의 결여'이다. 그리고 위치화와 분할 불가능성이라는 특징은 이제 시니피앙에 하나의 '기이한singulière' (라캉은 영어 단어 odd를 이렇게 번역했다) 물질성을 부여한다. 물질성 자체도 그것이 '정량화할 수 없다'[9]는 점에서 보면 기이하다. 두번째 우리가 참조하는 텍스트는 「정신분석에서 말과 언어의 기능과 장」이다. 이번에는 신체와 언어의 관계 문제를 근거로 언어는 물질적인 것으로 정의한다('그것은 미묘한 물체이지만 어쨌든 물체이다'라고 라캉이 말했다).[10] 이것은 언어가 허용할 수 있는 어떤 종류의 육체화 형태, 예를 들어 히스테리(육체화란 단어는 주체를 사로잡는 모든 물질적 이미지 속에서 이해된다. 이 이미지는 히스테리 환자를 임신한 것처럼 만들 수도 있고, '남근선망penis-neid'의 대상물에 동일시하게 할 수도 있다)를 정당화한다. 육체라는 언어가 "상징적 상해를 입거나"(예를 들어 『늑대인간』에서 주인공의 이름 약자인 S. P.가 되기 위해 앞 글자 W가 빠진 '말벌Wespe'이라는 단어처럼[11]) "행동의 영향을 받는 환자가 주체가 되는 상상적 행동을 수행할 수 있는" 가능성을 통해 그만큼 만들어진다.

문자란 구체적인 담론이 언어에서 차용하는 물질적 매체라는 말은 그러므로 이러한 조건, 즉 라캉이 이 용어들에 가한 변동사항을 고려했을 때 다음의 사실을 의미한다. 한편으로 (고전적인 정식에 따르면) 주체는 발화 행위(이것은 타인에 대한 관계의 행위이다)를 할 때 그에게 제공되는 구성된 질료 속에서 언어를 끌어낸다. 다른 한편으로 주체는 그가 이미 지탱되는 담론 자체 속에 연루되는 한에서만 초개인성의 구조 속에

---

9) *E.*, 23~24.

10) *E.*, 301.

11) (옮긴이) 늑대인간은 한 사람이 말벌의 날개를 떼어내는 꿈을 자주 꾼다고 프로이트에게 말한다. 그런데 늑대인간은 말벌을 뜻하는 독일어 Wespe를 정확하게 발음하지 않고 SP처럼 읽으면서 자신이 외국 출신이라 발음이 서툴다고 변명한다. 프로이트는 무의식적으로 봤을 때 늑대인간이 Wespe에서 W를 빼고 Espe(SP로 발음됨)로 발음하면서 말벌이 아니라 자신(SP는 늑대인간 본명의 약자)의 거세를 꿈에서 암시하는 것으로 해석한다.

들어간다. 지탱되는 담론이란 문자라는 독특한 이 질료의 심급을 통해 규정된다는 뜻이다.

물질성을 강조함은 적어도 두 가지를 거부한다는 신호이다. 그것은 언어에 기원을 부여하는 것을 거부한다는 것으로 의미의 이상화 측면에서 혹은 그것의 단순한 반대 측면에서 예를 들어 청각적 물질성을 부여하는 것 모두를 거부하는 것이다. 그러므로 비록 그것이 왜곡되면서 강조점이 이 두 용어의 후자에 찍히더라도 이상주의나 물질주의는 아니다. 무의식에 대한 모든 언어적 규정성을 가능하게 하는 이 두 가지 거부는 또한 무의식 자체의 지위와 연관된 또 다른 거부의 필연적 귀결이다. 무의식은 본능의 중심이 아니라는 것이다. 그러므로 만약 무의식의 물질성같이 언어의 물질성이 문제될 때 어떤 경우에도 이 물질성은 사람들이 고전적인 유물론에 대해 말하는 최소한의 것에 따라 '실체적'인 물질성으로 생각해서는 안 된다. 문자는 물질이지만 실체는 아니다. 그리고 언뜻 보기에도 전통적인 모든 철학 개념의 반대물로 환원되지 않는 이 불가해한 용어가 이제부터는 프로이트 이후 무의식이라는 이름으로 지시되는 것 속에서 (우리가 아직도 이렇게 말할 수 있다고 가정한다면) "중심 자리"를 차지하게 될 것이다.

그런데 문자에 관한 이 이론은 다음 단계로 주체를 그의 고유한 이름을 통해 담론 속에 미리 등록한다.

"만약 주체가 언어의 노예로 나타난다면 보편적인 운동 가운데 있는 하나의 담론 속에서 특히 그러하다. 이 보편적 운동에서 주체의 자리는 단순히 그의 고유한 이름의 형식이기는 하지만 이미 출생하는 순간에 정해진다"(*E.*, 495).

이 선등록이 이미 알려진 주체의 언어적 연루를 더 심화한다. 이 선등록이 주체의 문자화를 강화하는 것이다. 구체적인 담론의 주체는 단순히 구조로서의 언어에 예속되어 있을 뿐 아니라 담론 자체 속에서 언어가 현실화하는 것에 이미 예속되어 있다. 왜냐하면 라캉이 보기에 주체가 이미 '사회적' 주체, 즉 일반적인 소통의 주체가 아니라면 그것은 주체가 아니기 때문이다. 이것을 라캉은 궁극적으로 철학적 인류학의 고전적 담론과 아주 유사한 용어들을 통해 묘사한다. 소통의 주체는 결국 어떤 계약의 주체인데 이 계약을 통해 말이 보장된다. 라캉이 텍스트의 세번째 분리(문자, 존재와 타자)에서 무의식이 그것의 담론이 되는 (대문자 A로 쓰인) 대타자를 정의할 때, 다시 말해 무의식의 주체를 그의 "외재성excentricité"과 그의 근본적인 "타율성hétéronomie" 속에서 제시하기 위해 자기에 대한 모든 동일성 혹은 모든 단순한 이타성에서 빼내려 할 때, 라캉은 자주 그러하는 것처럼 욕망과 갈등과 인정에 대한 헤겔 변증법을 아주 긴밀하게 따르면서도 그 과정을 비틀고 놀이 이론과 계약설에 동시에 호소하면서 그 효과를 변형시킨다. 그 결과로 인정은 말의 인정처럼 나타나며, 이것은 대타자를 하나의 기원이 아니라 언어의 기능에 대한 규칙처럼 가정한다. 이것으로부터 언어는 진리와 거짓이라는 이중의 기능 속에서 규정될 수 있다. 주체는 그러므로 대타자를 통해 "기표의 규약convention signifiante"(*E.*, 525)인 언어의 한가운데 자리를 잡게 될 것이다. 이 규약의 규칙들이 주체 자신의 자리를 규정할 것이고, 거짓이라 할지라도 주체가 하는 말의 진리를 보증한다. 왜냐하면 거짓은 필요에 종속되는 자연적 성향으로 해소할 수 있는 그런 본능적인 것이 전혀 아니기 때문이다.

그러므로 문자화는 또한 계약의 이론과 동물성에 연관된 관습에서 인간성으로의 전환을 동시에 함축한다. 편의상 그것은 일종의 루소주의라고 할 수 있겠지만 여기서는 언어와 사회적 상태의 선재성과 관련되는 두번째 '담론'의 유명한 어려움이 언어의 편의를 위해 배제되거나 심지어 무효화될 것이다. 게다가 우리가 관심을 갖는 구절이 여기서 명료하게 가리키는 것이 바로 이것이다. 이름에 의한 선등록이 보여주는 주체의 두번째 예속은 개인에 대한 공동체와 사회의 선행성에서 형성되는 것이 아니라 개인에 대한 언어의 선행성 위에서 형성된다. 라캉적 주체의 사회성은 문자의 근본적인 원초성과 거의 같은 의미이다. 그것이 주체의 문자성이다. 이 때문에 역사 자체에 선행하고 담론을 통해 생산된 원래의 창설적인 '전통'이라는 개념에 호소하는 것이다(*E.*, 496). 또한 이 때문에 같은 쪽의 두번째 구절에서 레비-스트로스에 대한 암묵적 참고가 있다. 다시 말해 자연과 사회라는 전통적인 대립을 자연, 사회, 문화의 삼분법으로 수정하고 언어로 환원되는 문화는 엄밀히 말해 자연과 사회의 분할을 보장하는 역할을 한다고 한 레비-스트로스 말이다. 언어의 초구조성에 관해 우리가 알고 있듯이 스탈린이 해결한 단호한 소비에트식 논쟁이 암시되는 것도 결국은 이 때문이다.

이러한 설명은 전체적으로 주체의 이론을 민속언어학의 내용으로 전환하는 것 전체를 반박함을 겨냥한다. 그런데 이제 이러한 모든 계약주의는 결국 주체에게 적합한 유일한 과학의 한복판에 주체의 이론을 설정하려는 준비를 위한 것이라는 사실을 이해할 수 있을 것이다.

이 과학이란 짐작대로 문자의 과학이다. 그러나 이 과학의 창제가 그 과학이 기원도 없으며 더 나아가 이미 구성되지도 않았다는 것을 의미하지는 않는다. 적어도 주체의 이론이 언어의 이론을 통해야 한다고 한다면 문자의 과학은 결국 언어학과 연관되기 마련이다. 바로 이러한 이유 때문에 이 첫째 장이 과학으로서 언어학의 창설이라는 소쉬르의 업적에 라캉이 의존하는 사실에서 끝난다고 생각할 수 있는 것이다. 이러한 의존은 현대의 인식론적 용어들 속에서 정식화된다. 다시 말해 자신의 대상에 대한 과학성을 보장하는(*E.*, 496) 언어학의 실험적 지위에 대한 상기와 또한 '단절'[12]이라는 바슐라르의 개념을 창설자로서 소쉬르의 업적에 적용하는 것 속에서 이러한 의존이 정식화된다는 것이다. 언어학이 모든 과학을 흩트리고 재배치하는 한에서 그것이 무엇이 되었든 어떤 인류학이나 심리학과 관계없는 주체의 이론을 접목해야 하는 곳은 바로 하나의 "지식 혁명"인 언어학의 "출현"이다. 이것이 전도된 운동과 관계 있지 않거나 언어학에 의해 도입된 변화가 아닌 한, 주체에 관한 또 다른 과학이 만들어져야 한다. 만약 이 텍스트의 운동을 한발 한발 여전히 따라가야 한다면 지금으로서는 파손하는 것이 불가능한 상호성에 대해 다음 사실만 기억해야 한다. 바로 언어학으로부터 점진적으로 구성하기 위해 주체의 과학이 시작된다.

　우리는 『에크리』 497쪽과 501쪽 사이의 두번째 부분을 재구성하면서 '대수학과 작용'이라는 제목을 붙였다.

---

12) 이 용어에 대한 라캉의 암시는 아마도 바슐라르에게서 볼 수 있는 것처럼 '개정'과 단절의 개념을 결합한 것에 연관된다(pp. 496~97).

2. 대수학과 작용

그러므로 소쉬르가 개척한 언어학 속에서 문자의 과학을 조준하는 것이 관건이다.

자신이 암묵적으로 참고하는 인식론상의 단절이라는 개념에서 라캉은 하나의 과학은 경험적인 새로운 대상에 대한 단순한 취급이 아니라 과학의 대상이 오히려 그것으로부터 구성될 수 있는 계산적 모델(그리고 일치하는 개념성)의 선행적 규정성을 통해 구성된다는 요소만을 취한다.

라캉은 바로 이러한 규정성을 '대수학algorithme'의 선구적 위치로 해석한다.

"언어학 분야의 출현을 강조하기 위해 우리는 그것이 근대적 의미의 모든 과학의 경우와 마찬가지로 언어학을 만드는 대수학을 구성하는 순간 속에서 지탱된다고 말할 것이다"(*E.*, 497).

그러나 이 용어, 즉 단절을 활용하는 것은 적어도 바슐라르 인식론의 모든 개념을 확장하는 것이다. 왜냐하면 주지하듯 원래 의미에서 대수학은 대수 계산의 방법을 지칭하는 것이었지만 오늘날 그것은 변별적인 기호표기법을 말하기 때문이다. 좀더 엄밀하게 말해 대수학은 하나의 논리로 구성된 그러한 방법상의 절차를 지시한다. 이 논리에서는 우리가 알고 있듯이 '대수학적 논리'와 '상징적 논리'라는 두 가지 표현이 동일한 것이다. 그러므로 여기서 어떤 의미에서 확장에 대해 말할 수 있는지 보도록 하자. 그것은 엄밀하게 수학적인 영역의 한계를 넘어서는 확장이다. 물론 '대수학'이 여기서(예를 들어 캉길렘에서 정의되는 것처럼) 인식론적 의미의 '개념'으로 사용되지 않는 한에서 말이다. 그러므로 여기서는 단순히 '기호'라는 개념이 문제시되고, 그 개념이 언어학을 과학으로 만들었다고 말할 수 있을 것이다. 그런데 이 경우에 라캉이 제안한 기호표기법 $\frac{S}{s}$ 는 형식적인 것으로 기호 개념을 축소한 표기법이 된다. 그런데 라캉은 '형식화formalisation'($E.$, 497), 즉 논리적인 계산을 가능하게 한다는 근대적인 의미로 이해한 형식화에 대해 말한다. 게다가 은유와 환유의 정식($E.$, 515)을 서술하는 것이 문제시될 때 두번째 장(「문자의 심급」)에서 중요한 것은 외형상 하나의 계산이다. 그러므로 지금으로서는 '대수학'을 엄격한 의미로 이해해야 한다.

결국 앞으로 보겠지만 소쉬르의 기호에 어떤 '수정'을 가하는 것이 본질적으로 관건이다. 만약 우리가 이 표현을 무릅쓸 수 있다면 기호를 대수학화하는 것, 그것은 실제로 그것이 기호처럼 작동하는 것을 방해하는 것이다. 오히려 기호를 그렇게 가정하면서 그것을 파괴하는 것이라고도 할 수 있다.

궁극적으로 대수학에 대해 라캉은 "비록 대수학이 〔그〕『일반언어학 강의Cours de linguistique générale』…… 속에 나타나는 수많은 도식의 어떤 형태로도 엄격히 환원되지 않을지라도, 대수학은 페르디낭 드 소쉬르에게 공적을 돌릴 수 있다"($E.$, 497)라고 말한다. 이것은 공격인가. 혹은 라캉이 말한 것처럼 소쉬르의 가르침은 "이 이름에 적합한, 즉 그것의 고유한 운동에만 머물 수 있는 그러한 가르침"이라는 사실을 허용하는 것에 대한 "경의"인가.

실제로 소쉬르에게서 찾을 수 있는 라캉의 대수학에 아마 가장 근접한 것은 여러 가지 중 다음의 도식[13]일 것이다.

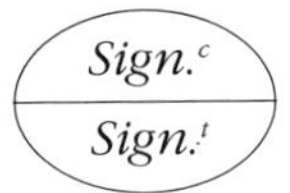

만약 소쉬르의 도식을 대수학에 비교한다면 시니피앙이 여기서는 횡선 '아래'(더구나 소쉬르의 모든 도식들은 이 점에서는 동일하다)에 위치한다는 사실, 그리고 마찬가지로 소쉬르의 도식을 뒤집은 바르트가 소쉬르에게 행한 상징화 $\frac{Sa}{S\acute{e}}$ (비록 바르트가 엄밀하게 소쉬르의 용어로 그것을 해석하기는 했지만)[14]를 고려할 수 있다는 사실을 주목할 수 있을 것이다. 실제로 단지 우리는 편리한 기호표기법을 만들 뿐이다. 반대로 다음 네 가지 주요한 특징이 대수학을 구별해준다.

1. 횡선의 양쪽 편에 등록된 용어들 사이의 어떤 병행성이 사라졌다는 점. 왜냐하면 라캉이 제시한 것처럼 이것을 단지 "시니피에 위에 있는 시니피앙"이라고만 읽어서는 안 되고 "소문자 s"(이것은 게다가 이텔릭체로 표기되어 있다) 위에 "대문자 S"라고도 읽어야 하기 때문이다.

2. 소쉬르 기호의 구조적 통일성을 상징하며 절대로 생략되지 않는 타원의 소멸.

3. 기호의 두 '면'에 대한 소쉬르의 정식을 대수학의 두 '층'에 대한 지시로 바꾼 것.

4. 마지막으로 강조점이 S와 s를 분리하는 횡선에 가 있는 것.

(대수학은 결국 다음처럼 읽을 수 있다. 시니피에에 대한 시니피앙에서

---

13) *Cours de linguistique générale*, p. 159.
14) *Éléments de sémiologie*, II. 4.

'~에 대한'은 두 층을 분리하는 횡선에 일치한다.) 게다가 이것이 라캉 자신이 이 대수학에 대한 다음 주석에서 지적한 것이다.

"이 과학(언어학)의 핵심 사상은 이제 의미화에 저항하는 하나의 가로 선에 의해 구분되고, 최초로 분리된 질서로서 시니피앙과 시니피에의 근본적 위치에 의존한다"(E., 497).

그런데 이것은 실상 즉각 다음을 덧붙이기 위해서이다.

"시니피앙에 고유한 연결들과 시니피에의 발생 속에서 그 연결들의 기능을 확장하는 것에 대한 정확한 연구가 가능한 것이 바로 이것에 있다."

그러므로 시니피앙과 시니피에라는 구별된 두 질서의 위치가 아마 소쉬르에게도 존재하기는 하지만 그 분리 불가능성(이것은 예를 들면 종이의 앞뒷면이라는 유명한 이미지이거나 혹은 대부분의 경우에 기호의 도식을 감싸는 역방향의 두 화살표이다)[15] 속에서 기호의 구성적인 관계라는 생각을 통해 계속 수정되기도 하는 시니피앙과 시니피에의 대립을 강화한다. 그리고 또 한편으로는 더 근본적으로 의미화에 저항하는 횡선을 통해 두 영역이 분리된다는 것이 기호에 대한 소쉬르의 개념을 다소간 뒤집기도 한다. 여기서 최초로 소쉬르가 강조한 것이 바로 '관계'(혹은 상호성, 혹은 연합)인데 라캉은 여기에 저항을 도입한다. 최소한 우리가 말할 수 있는 것은 이 저항이라는 것은 횡선, 즉 시니피에에 대한 시니피앙의 관계를 넘는 것, 간단히 말해 의미화 자체의 생산이 자명하지 않

---

15) 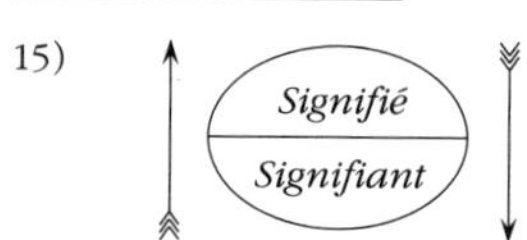

48

다는 것이다. 소쉬르에 가해진 수정은, 그러므로 사람들이 자주 말하는 것처럼 시니피앙의 자율화에 대한 '우선적인 그리고 단순한' 생각에 머물지 않는다. 시니피앙의 자율성은 실제적이지만 이차적이다. 그것은 ——그리고 우리가 방금 이곳저곳의 절에서 인용한 텍스트가 정확히 지시하는 것처럼—— 저항 자체에 의존한다. 가장 중요한 것(근본적인 것)은 결국 횡선이다. 문자의 과학은 이러한 단절을 통해 구성되며 그것은 궁극적으로 기호에 도입된(혹은 최소한 강조된) 단절 이외에 다른 것이 아니다.

문자의 과학은 같은 운동을 통해 언어학 속에 자리 잡으면서 그것을 파괴한다. 이 역설적 위치는 그 한계에서 유지되기 힘들다. 우리가 그 근본 요소를 파괴하면서 어떻게 하나의 과학을 만들 수 있을까? 어떻게 그것의 모든 개념을 유지하면서 하나의 과학을 파괴할 수 있을까? 이 질문이 여기서 문제시되는데, 도대체 이미 구성되어 있으면서 자신을 과학처럼 구성하는 것을 그 고유한 용어로 공격하는 하나의 과학을 재창조하거나 재주조할 수가 있나? 이것은 유지하기 힘든 위치라기보다는 실상 불가능한 과업이다. 문자의 과학은 이러한 불가능성, 즉 '기호론 없는 언어학'일 것이다. 어떻게 이것이 기능을 수행할 수 있겠는가?

실제로 이것은 기능을 수행할 수 없다. 달리 말하면 이런 식으로 되지는 않는다. 텍스트의 꼬이고 난해한 진행 과정에서 그 증명을 지연시키거나 중단시키는 일종의 괄호 치기가 나타난다면 그것은 우연이 아니다. 언뜻 보면 이 장소에서 참고삼아 목적, 다시 말해 기호의 이론 속에 도입된 이 단절의 정확한 범위를 주목하는 것이 관건으로 그것은 다음과 같다. 그것은 기호에 관한 모든 '철학적인' 문제들의 폐쇄와 단죄이다. 실제로 여기서 예측되는 운동은 아주 복잡하거나 다르게 말하면 아주 모호하다.

기호에 관한 철학적인 문제란 '자의성arbitraire'에 관한 질문이다. "이

원초적인 구별(기호의 단절)은 고대의 사고 이후 발전해온 그러한 기호의 자의성에 관한 토론을 한참 넘어서게 될 것이라고 라캉은 말한다"(*E.*, 497). 이 질문의 폐쇄 속에서 우리가 할 수 있는 모든 대답은 "언어가 자신의 본성에 대해 우리에게 질문을 던지는 그러한 장소로부터 우리를 벗어나게 하기 때문에"(*E.*, 498) 잘못된 토론이거나 헛된 토론이라는 것이다.

그런데 정확히 왜 그런가?

여기서 문제는 결국 기호의 자의성에 관한 것이 아니다. 혹시 '반대의 것'을 말하지 않는지 자문해볼 수 있다. 왜냐하면 문제는 어떤 식으로는 자의성의 문제를 제시하는 것, 좀더 엄밀하게 말해 자의성의 어떤 위치를 강제하는 언어에 대한 취급을 제시하는 것이기 때문이다. 이러한 자의성의 위치는 크라틸로스[16] 이후 제기된 다음과 같은 '문헌'의 난점을 인정하는 것과 같다. "난관은 그것이 증명된 동일한 시기부터 비록 명명 행위 속에서이기는 하지만 말과 사물의 일대일 대응에 대립되는 난관이라고" 라캉이 말한다(*E.*, 497). 모든 '어려움'은 달리 말하면 사람들이 사물에 대한 관계로 언어를 사유하는 사태로부터 나온다. 왜냐하면 기호와 사물의 분리로부터는 아우구스투스식의 답변(어떠한 "의미화"도 다른 의미화를 참조하지 않고서는 유지가 불가능하다)[17] 혹은 유명론자들의 개념적 해결방안〔언어 속에서 대상이 구성된다는 것을 더 밀고가면 우리는 이러한 구성이 어떠한 기명적인 것과는 아주 다른 개념의 수준에 직면한다는 사실을 인정할 수 있을 뿐이다. 또한 우리는 명백히 이름으로 환원되는 '사물'은 그것이 프랑스어에서 굳어진 원인cause 개념과 또 한편으로는 사물에 대한 라틴어의 용례rem를 포기하게 만드는 이 어떤

---

16) (옮긴이) 크라틸로스Cratylus: 기원전 5세기 그리스의 철학자로 플라톤의 「대화」편에 등장하는 인물이지만, 그에 대해 알려진 것이 거의 없다. '한 번 들어간 강물에는 두 번 다시 발을 담글 수 없다'는 헤라클레이토스의 말을 전했다. 만물이 끊임없이 변화하고 그것을 반영하는 언어도 그러하다면 우리는 의사소통을 하기 힘들다는 회의론을 펼쳤다고 한다.

17) 라캉은 여기서 『교사론*De Magistro*』을 참고한다.

것도 아닌 것rien의 개념이라는 대립되는 이중 파장으로 분열된다는 사실만을 확인할 수 있을 뿐이다(*E.*, 498)]을 넘어서는 것은 거의 불가능하기 때문이다.

그러므로 달리 말해 기호가 자의적이면, 시니피앙과 시니피에 사이의 이 필연적 연결에 대한 인정을 넘어서는 것은 거의 불가능하다. 결국 엄밀히 말해 우리 시대에 이르기까지 형이상학의 전체적인 장을 다소간 명백하게 포괄하는 이 연결에 대한 인정 속에 언어학은 잡혀 있다. 언어학 혹은 그것의 어설픈 철학적 복제물인 신논리실증주의. 바로 이러한 이유 때문에 라캉은 직접 소쉬르를 공격하지 않고(자의성의 문제에 관한 주저함을 알지 않나) 소쉬르에 대해 차후에 행해진 수정에 대해서만 공격한다. 게다가 이 수정들에 대해서 그것은 언어학이 자신의 고유한 과학성에 뒤늦게 도달하면서 발생한 어떤 효과라고 말할 수는 없을 것이다. 하나의 예를 들어 보자면——이것은 벤베니스트의 무동기에 관한 암시의 하나다[18]——시니피앙의 자의성이 갖는 어려움을 해결하는 것에 대한 다음과 같은 확인이다. "시니피에의 장을 덮는 데서 나타나는 그 불충분함의 문제가 그것에 대해 제기되면서 존재하는 언어는 없는데 시니피에의 장은 모든 필요에 응답하는 언어로 존재하는 그러한 효과이기 때문이다"(*E.*, 498). 혹은 또 다른 예를 들면 논리실증주의에서는 의미라는 문제들의 되풀이, 즉 '의미의 의미를 탐구하는 것'(*E.*, 498)을 강제한다. 다시 말해 그 자신에게 닫혀 있는 의미화의 체계에 대한 의미의 문제를 제기한다. 그러므로 언어는 기호로부터 사유되어서는 안 된다. 바로 이러한 이유 때문에 결국 기호에 대한 사유, 즉 시니피에와 그것의 관계 속에서 더 시니피앙을 "고양시키기" 위해 기호를 "깎아내리는" 이 사유로부터 우리는 단지 '재현'의 법칙, 즉 그것 자체가 망상인 이 법칙을 거역할 수 없다.

---

18) 「언어적 기호의 본성」(1939), 『일반언어학의 여러 문제』, p. 49와 그다음을 참조하라.

"이러한 고려가 철학자에 대해 그토록 실재적이기 때문에 우리는 언어가 그 본성에 대해 우리에게 질문을 던지는 그 장소를 벗어나게 된다. 그리고 시니피앙이 시니피에를 재현하는 기능에 부응한다는 망상에서 벗어나지 않는 한 그 질문을 유지하는 데 실패하기 마련이다. 망상을 더 쉽게 말한다면 시니피앙은 그것이 어떠하든 어떤 의미화의 자격으로 자신의 존재에 대해 대답해야 한다는 것이다"(*E.*, 498).

이제 아마도 문자의 과학을 확실히 하기 위해서는 언어학을 기호의 철학에서 빼내는 것이 어떤 의미에서 중요한지 이해할 수 있을 것이다. 이 의미란 기호를 파괴해야만 한다는 말이다. 이것은 기호에서 모든 재현적 기능, 즉 의미화 자체라는 관계를 파괴하는 지점까지 기호를 가공하는 것이다. 이것이 아주 엄밀하게 말해 대수학의 역할이자 기능이다. 대수학은 기호가 아니다. 혹은 다음처럼 말할 수도 있다. 대수학이란 (시니피앙에 의한 시니피에의 재현 양식에서는) 그것이 아무것도 의미하지 않는다는 점에서 기호이다. 아마 다음처럼 표기할 수도 있을 것이다. 대수학은 (삭제된) X̶이다. 파괴된 기호라기보다는 X 표시한 기호이다. 그러므로 작동하지 않는다. 기호론의 다음과 같은 개념들의 어떠한 것도 사라지지는 않는다. 시니피앙, 시니피에, 의미화는 여전히 여기에 있다. 그러나 그것들의 체계는 뒤흔들리고 변질되었다.

대수학에 맞춰진 작업이 도모하는 것은 바로 기호 체계의 이러한 변질이다. 결국 일단 단절이 기호 속에 자리를 잡으면 (강조된 횡선) 수정작업은 본질적으로 시니피앙을 향한다. 시니피앙에 수정을 가해서 사람들이 이제 더 이상은 그것을 기호의 한 요소로 취할 수 없게 만들고, 그것이 의미화가 없는 시니피앙이라는 (적어도) 역설적 개념을 예전의 이름 하에서 겨냥하거나 검토하도록 해야 한다.

바로 이러한 이유 때문에 이 수정은 기호에 대한 소쉬르의 도식과 대수학의 도식 사이에 '차이'가 나타나는 것을 의도한다. 이번에는 결정적으로 대수학 $\frac{S}{s}$는 그 자체로 소쉬르의 도식에 비교할 수 없다는 것이 증명되었다. 결국 그 도식의 '그림'만이 비교가 가능하다.

라캉이 선택한 소쉬르의 도식은 '나무'의 도식이다. 주지하듯 소쉬르가 그린 것은 다음과 같다.[19]

라캉은 그것을 뒤집고 결합을 의미하는 원과 두 화살표를 제거하면서 다음처럼 새롭게 바꾼다.

그다음 라캉은 대수학의 도식(도식에서 문의 손잡이를 포함하여 가장 정확하게 그림을 그리는 것이 중요한데 왜 그런지 그 이유를 곧 알게 될 것이다)을 소쉬르의 도식과 대립시킨다.

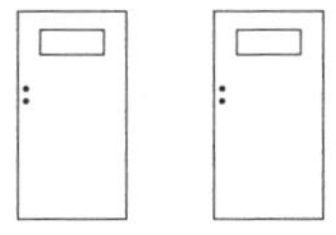

이것은 일종의 소쉬르 도식에 대한 이중의 패러디 같다. 그런데 차이

---

19) *Cours de linguistique générale*, p. 99.

는 정확히 어디에 있는가?

"라캉은 다음과 같이 말한다. 경험 속에서 관계하는 시니피앙의 범위를 많이 확대할 필요 없이, 즉 그 보충적인 의미가 그것들을 견고하게 해주는 것처럼 보이는 두 용어를 단지 나란히 병렬시키는 일종의 명사적인 이중 배열만으로도 예기치 않은 의미의 갑작스러운 출현에서 발생하는 놀라움을 볼 것이다. 서구인들이 집 밖에서 용변을 보고자 할 때 찾는 자신만의 공간을 상징하는 이 나란히 배치된 두 문의 이미지 속에 원시적인 공동체 다수가 공유했을 것이고, 사회생활을 화장실의 분리법칙에 종속되게 만드는 이 강제성이 있다"(*E.*, 500).

분해해보자.

1. 시니피앙의 자리(소쉬르의 '청각적 이미지'의 자리)인 횡선 위에 두 용어가 표시되어 있다. 작업의 첫번째 순간은 시니피앙의 이중화, 좀더 엄밀히 말하자면 시니피앙 속에 이중성, 즉 차이를 도입하는 것이다. 소쉬르의 체계에서 이러한 병렬(물론 가능하다)은 두 용어 각각의 '가치,' 그러므로 상보적인 그들의 '가치'를 강화하는 그러한 차이가 발생하게 만든다. 그러나 엄밀히 말해 이 도식은 소쉬르식이 아니다. 다음과 같은 이유 때문이다.

2. 예상되는 시니피에(혹은 개념)의 자리에서—이것은 예컨대 남자나 여자의 형상과 연관될 것이다—우리는 "두 문의 이미지"를 본다. 조금 더 부연 설명하자면 도식 전체는 시니피에의 자리에 아주 실제적인 장치(공중 화장실이나 적어도 그것의 정면)를 그리거나 새로 나타나게 한다. 그러면서 그 도식은 그 자리를 지우고 또 하나의 다른 기능을 도입한다. 라캉은 특별히 아주 애매모호한 정식화를 통해(그것이 우리가 상징계와 실재계 사이에서 결정할 수 있다는 사실을 외형상 금지한다는 것에서) '상징화'에 대해 다음처럼 말한다. "분리된 두 화장실과 '더불어'

(불확실성은 여기서 이 ‘더불어’란 단어에서 유지된다) 상징화하는 ……
이 두 문의 이미지…… 강제성 등.” 우리는 조만간 이 모호성에 대해 다
시 살펴볼 것이다. 여기서는 시니피에의 자리에 성적인 분리의 법칙인
‘하나의 법이라는 상징화’가 도입되었고, 라캉은 이 법이 실제로 보편적
이며, 문화의 일반적인 법칙에 비교할 만하다는 것을 제시했다고만 간
단히 말하자.

3. 마지막으로 이 상징화 속으로 시니피앙이 이동하는 것(그러므로 이
것은 그것을 통해 상징화가 발생하는 과정에 일치한다)이 “의미의 갑작스
러운 출현précipitation du sens”으로 제시되었다. 여전히 여기서 주목할
만한 것은 이 표현이 적어도 세 가지 해석, 게다가 재미있는 해석을 가
능하게 한다는 것이다.

왜냐하면 이것은 다음과 같은 것을 모두 의미할 수 있기 때문이다. 첫
째는 의미가 굴복한다는 것(어떤 장소에서 그렇게 한다는 것은 아니
고……), 둘째로는 의미가 너무 빨리 진행되어 시니피에를 짧게 순환시
킨다는 것(개념으로서의 남자와 여자를 이제 그림의 문을 통해서는 들을
수 없다), 마지막으로 의미가 문자 그대로 화학적 의미에서 침잠한다는
것, 다시 말해 의미는 시니피앙의 해소 혹은 장소 속에서 그렇게 자리를
잡는다는 것이다.

이제 우리는 (비겁한 일격에 의한) 유명론적 토론에 대한 이 “충격
sidération”(E., 500)이 단순히 (시니피에의 위치를 결정하는 것처럼 이해
한) 모든 의미 참조의 문제를 제거하는 데 있다는 것을 알 수 있다. 그
것은 시니피앙의 단독 작용을 거쳐서, 아니 오히려 그것을 통해 의미 참
조의 문제를 시니피에에 대한 시니피앙의 “접근”(E., 501), 시니피에 속
으로 시니피앙이 “들어가는 것”(E., 500)으로 바꾸기 위함이다. 시니피
앙만의 놀이는 여기서 물질성/지역성/상징화의 세 가지 규정으로 확인
된다.

만약 대수학 도식이 홀로 "의미"의 생산을 끝까지 보장하지 못하는 것이 사실이라면 지금 재구성해야 하는 것은 바로 '의미화'의 이 과정, 적어도 이 과정의 첫째 단계이다.

곧 알겠지만 여기서 그 전체 속에서 기술된 그러한 공정을 만드는 것은 소변 장소 분리의 법칙, 즉 '성의 차이'에 대한 법칙이다. 텍스트의 용어에 충실하기 위해 '강제성'이라고 말하자. 이 강제성이 이제는 물질적인 분리를 규정하며, 그 분리를 시니피앙은 구별된 장소(두 개의 화장실—아마도 여기서 이 '분리된 장소isoloir'란 단어를 가장 강한 의미로 취해야 한다)로 기입한다. 시니피앙이란 그러므로 장소의 차이이며, 장소화 자체의 가능성이다. 여기에서 우리가 상기하듯 「「도둑맞은 편지」에 대한 세미나」에서 말하는 그것의 "기이한" 물질성이 나온다. 그것은 장소로 분리되는 것이 아니라 장소들을 분할한다. 다시 말해 장소들을 구성한다. 원한다면 다음처럼 말해볼 수 있다. 거기에 질료가 있기에 분할이 있는 게 아니라, 분할이 있기에 질료가 있는 것이다. 이 장소에서 더구나 '신사/숙녀'라는 언어적 기표는 직접적으로 기의(남성과 여성이라는 "개념")를 지시하지 않으며 그 자체를 차이로 기입한다. 달리 표현하자면 아주 정확히 남자≠여자라는 법칙 자체 말이다.

이것을 결국 두 가지 상징으로 고려할 수 있다.

1. 여기서 단지 '구별하는 표시'(우리가 알고 있듯 이것에 대해 상징적 논리의 이론 자체는 그 관계가 위상학 속에서 자리의 관계에 비교된다)만을 다루는 한에서 상징적 혹은 대수학적 논리의 의미의 상징이 우선 그것이다. 이로부터 같은 500쪽에 있는 다음과 같은 근시의 예가 나온다. "왜냐하면 만약 〔시니피앙〕을 지탱하는 금속 칠된 이 작은 판에 아주 가까이 가야 한다면, 근시의 깜박이는 시선으로는 지금 여기서 시니피앙을 봐야 하는 것이 아닌가 하고 질문하는 것이 정당화될 것이다. 이때 그것의 시니피에는 상층 칸의 이 두 가지 엄숙한 행렬, 그러니까 가로선 위의 신사 숙녀라는 문자로부터 최종적인 영예를 받을 것이다." 근시는 그

러므로 공중화장실 정문의 의미화도, 등록된 (신사, 숙녀) 시니피앙이 뜻하는 시니피에도 전혀 해독하지 못하고 단지 자리 자체의 차이만을 해독했다고 할 수 있다. 다시 말해 좀더 거칠게 도식화하자면 대략 다음과 같을 것이다.

$$(H) \leftarrow \neq \rightarrow (D)$$

다시 말하자면 예컨대 남자로서 그에게 부여된 자리 말이다. 그러므로 가로선 아래에는 시니피에(남자)가 아니라 그에게 맞도록 분리된 장소인 화장실이 있는 것이고, 이 시니피에에 분리된 장소라는 기능을 부여해야만 한다. 즉 시니피앙이 두 가지 행렬로 분리하는 남자와 여자의 "최종적인 영예"를 받아들이는 장소. 주목할 수 있겠지만 재담Wiz은 도식의 모호함에서 놀이를 할 때만 가능하며, 그때 현실적인 도식이 가능할 수도 있고 상징적인 도식이 가능할 수도 있다. 이 모호함 자체는 이 텍스트 내부의 도처에 영리하게 엮여 있는데, 특별히 우리가 앞서 인용한 다음 절에서 볼 수 있다. "두 짝으로 된 문의 이미지 그것은 …… 화장실에 대해…… 강제성을 상징한다 등." 이 구절은 다음처럼 읽을 수 있다.

— 하나는 화장실에 대해 강제성을 상징하는 …… 두 짝으로 된 문의 이미지.

— 하나는 화장실과 강제성을 둘 다 상징하는 두 짝으로 된 문의 이미지.

2. 다음으로 단어의 고전적 의미에서 상징으로, '상징'이 전적으로 동기가 없는 것은 아니지만 언제나 그것이 언급하는 실재의 어떤 것(예를 들어 소쉬르가 말했던 "자연적인 관계")을 유지하는 한에서 상징이다. 달리 말하자면 여기서 신사/숙녀의 집합은 시니피에를 위한 법칙을 갖는 것이 아니고, 집합을 그런 식으로 구성하는 간격을 통해 법칙이 전개하는 차이를 상징한다.

그러므로 이 기능의 집합에 대해서 다음과 같은 대략적인 도식화를 제안해볼 수 있을 것이다.

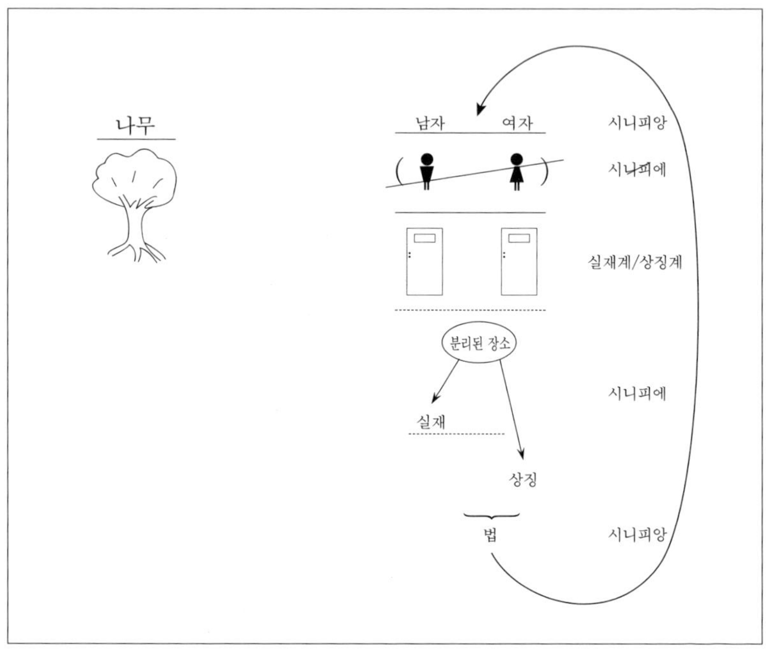

도식화란 그것이 잘못된 것이 아니라고 가정한다면 일반적으로 이 유형의 도식화를 가능하게 하는 가치를 지닌다. 그러나 그것은 여하튼 라캉 자신이 제안한 그림을 의미하지는 않는데, 왜냐하면 "구성된 어떠한 예도 진리의 체험 속에서 만나는 그 강조점에 상응할 수 없기 때문이다." 실제로 다음을 보라.

기차가 역에 도착한다. 남매간인 남자 아이와 여자 아이가 마주하고 기차 객실 창가에 앉아 있다. 창문에서 밖을 보면 기차가 멈춰 선 플랫폼에 건물들이 늘어서 있다. "저것 봐, 우리는 지금 '숙녀' [20] 앞에 있어라고 남자 아이가 말한다. 바보! 우리가 지금 '신사' 앞에 있는 게 보이지 않아

하고 여자 아이가 말한다." 실제로 이 이야기 속에서 선로는 그 저항이 변증법적이 아니라 다른 것이 될 수 있다는 것을 암시하는 형태로 제시되면서 소쉬르의 대수학의 횡선을 구현한다. 그런데 이것에 더하여 다음이 이런 장면에 적합하다. 창문을 마주하고 밖을 보지 못한다면 시니피앙과 시니피에 각자 자리에 대해 혼란스러워진다는 것이며, 도대체 빛나는 어떤 중심점에서 시니피앙이 완성되지 않은 의미화의 어둠 속으로 빛을 비추러 오는지 알 수 없다는 것이다(*E.*, 500).

두 아이가 결과적으로 그 기의를 해석하지 못한 채 기차역 이름으로 각자의 자리에서 볼 수 있는 등록소인 신사 혹은 숙녀를 선택한 것은 그들이 서로 구별되고 대립되는 자리에 앉아 있었기 때문이다. 각자의 등록소(혹은 각자의 자리)는 맞은편 타자를 배제한다. 이처럼 매번 그들이 한 선택은 대립하는 성의 선택이 된다. 그리고 그것을 라캉은 즉각적으로 거세(창, 빛나는 중심)와 그것의 등록처럼(그러나 이것은 우리가 살펴보겠지만 거세 자체를 최종적으로는 시니피앙의 구멍에 연결해 생각한다는 조건이다) 읽는다. 달리 말하자면 순수하게 기표적이고 지명학적인 용법은 그 위치를 페니스의 현존/부재로 규정하는 성차의 위치에 부합한다. (그러나 이번에는 이러한 양자택일을 구조적인 양자택일에 관련시키는 조건으로 그러하다. 구조적 양자택일에서는 그것이 여전히 「「도둑맞은 편지」에 대한 세미나」에서 말하는 것처럼 "현존과 부재는 서로가 서로에 대해 호출한다."[21] 결론적으로 이 "중심"으로부터만 우리가 시니피에에 도달할 수 있지만, 이 중심은 단지 어둠과 미완성 쪽에서만 제시된다. 아이들은 선로를 통해 의미화로부터 상징적으로 분리되어 있다. 다르게 표현하자면 선로가 의미화가 완성되는 것을 방해한다(선로는

---

20) (옮긴이) '숙녀'와 '신사'는 화장실에 붙어 있는 표지를 말한다.
21) *E.*, 46.

"변증법적"이지 않다). 더구나 이어지는 해설은 즉각적으로 생물학적이고 자연적인 성차는 차이가 아니며, 시니피앙의 활용만이 성차를 그런 식으로 등록하며, 그것을 큰 불화(에리스라는 최초의 신화소)까지 가게 만든다는 것을 지적하고 있다. 이 불화에서 비극을 가늠할 수 없는 전쟁과 플라톤식 국가의 완강한 이원성이 발생한다.

이제 라캉에게 시니피앙이 무엇인지, 좀더 정확히 말하자면 라캉이 시니피앙에 가한 수정("……나는 시니피앙을 아무도 감히 그렇게 해보지 않은 방식으로 정의했다"[22])이 정확히 어떤 것인지 잘 이해할 수 있을 것이다. 시니피앙은 더 이상 시니피앙과 시니피에의 연합 속에서만 존재하면서 시니피에에 대해 기호의 또 다른 면이 되는 것이 아니라, 오히려 그것에 따라 차이로서 법칙이 등록되고 표기되는 이 간격의 영역이다. 혹은 달리 말해 그것을 '구조적 구멍'이라고 명명해야 하는데 그것에 의해 법칙이 차이로서 구별된다는 것을 이제 알 수 있을 것이다. 이것은 여전히 작용 자체가 수행되어야 한다는 것이다. 대수학의 기능을 확실히 해야 한다. 다시 말하자면 "의미화"는 시니피에를 통해서는 진행되지 않기 때문에 결국 시니피앙만이 유일하게 이러한 기능의 모든 무게를 지탱할 수 있도록 허용해야만 한다. 그러므로 시니피에 속으로 들어가지만 어떤 순간에도 어떠한 시니피에에 의지하지 않는 '입구'를 마련해야 한다. 앞에서 본 기차 이야기의 용어들에서—읽으면서 상징계의 모호성이 여기에서 계속되고 있다는 것을 주목하자—중요한 것은 시니피앙이 선로를 넘어서 아이들에게 (열차의 문, 복도 혹은 배관을 통해서) 도달한다는 것이다.

이러한 작용의 '정식'은 다음과 같다.

---

22) "Radiophonie," *Scilicet*, 2/3, p. 65.

"그것 자체가 시니피앙의 순수한 기능일 뿐인 대수학은 단지 이 전달에
서 시니피앙의 한 구조만을 드러낼 수 있다"(*E.* 501).

정식은 분명하지도 동일한 뜻을 갖지도 않는다는 것을 알 수 있다. 왜
냐하면 여기서 강제적인 것, 모든 과정을 이끄는 것은 대수학 자체가
'시니피앙의 순수한 기능'이어야 하기 때문이다. 그런데 이것은 두 방식
으로 이해할 수 있다.

첫째는 결국 '시니피앙의 기능'은 단순히 대수학이 시니피앙에 따라
기록된다는 것, 좀더 엄밀히 말해 대수학은 단순히 시니피앙의 위치와
공정에 대한 기호표기법이라는 것을 의미한다. 그런데 이것은 대수학이
여기서 이미 규정되어 있는 내용으로, 그리고 또한 이 정식화를 봤을 때
여기서 시니피앙의 선지배성이 (기능의 '순수성'을 통해) 강조되는 내용
으로 가치를 지닌다는 것을 의미하기도 한다. 만약 대수학을 유일한 시
니피앙의 기호표기법으로, 그리고 대수학을 그것에 충분한 어떤 작용의
기호표기법으로 읽는다면, 그리고 대수학이 시니피앙의 자체적 충분성
이라는 가장 중요한 면을 지시하기 위해서만 쓰였다면, 그것에서 나타
나는(오히려 그것에 부착된) 시니피에는 여기에서 단지 참고로 혹은 시
니피앙의 작용에서 파생된 이차 효과로만 존재한다. 시니피에는 어떤
식으로든 시니피앙의 작용과 동시적이지도 않으며 그것에 참여조차 하
지 않는다. 그러나 이미 알고 있듯이 대수학을 이렇게 읽는 것은 불가
능하다.

'시니피앙의 순수한 기능'이라는 정식은 시니피앙이 대수학 '처럼,' 다
시 말해 대수학의 대수학적 본성에 따라 작동한다는 것을 의미한다. 왜
냐하면 대수학은 『에크리』 498쪽의 표현에 따르면 '어떤 의미'도 없다.
의미의 부재는 대수학적 사슬의 자율 기능과 관련 있는데, 이 사슬이 변
별적 표시의 사슬처럼 알려져 있는 한에서 그러하다. 변별적 표시란 그
자체로는 거기에서 어떤 "의미"(이것 자체도 그것이 경험적인 것이든 진

리이든 어떤 내용이나 시니피에의 어떠한 것을 겨냥하는 것으로는 절대 정의되지 않는다)가 만들어지는 표시들의 상호적인 위치와 그 관계(혹은 조합) 이외에 어떤 다른 것을 지시하지 않는다.

문제는 바로 이것이다. 그런데 '표시'라는 개념은 여전히 너무 긍정적인 어떤 것을 스스로 보유한다. 바로 그 때문에 라캉은 결국 다른 "모델," 즉 "구멍"으로서 대수학의 모델로 이 표시를 대체한다. 대수학의 변별적인(만약 이것이 하나의 의미가 있다면 '순수하게' 변별적인) 논리가 시니피앙의 전체 질서를 규정한다. 여기서 라캉의 또 다른 텍스트인 「주체의 전복과 프로이트식 무의식 속에서 욕망의 변증법」(이것은 1960년에 나온 것이기 때문에 사실상 후기 텍스트이다. 그러나 이 텍스트에 대해 라캉은 그가 「문자의 심급」과 같은 시기의 세미나에 기초해 그것을 썼다고 말한다)에 의존하는 것이 불가피하다. 우리는 이제 '시니피앙의 논리'라고 불러야만 하는 목적을 분명히 해줄 수 있는 다음과 같은 두 정식을 「주체의 전복과 프로이트식 무의식 속에서 욕망의 변증법」에서 추출할 수 있다.

"시니피앙은 공시적이면서 셀 수 있는 하나의 집합으로만 구성되며, 이 집합 속에서 어떤 것도 각각의 다른 요소들에 대한 대립의 원리에 의하지 않고서는 지탱할 수 없다."[23]

"만약 언어학이 우리에게 거기에서 시니피앙을 시니피에에 대한 결정자로 보는 것을 가능하게 한다면 분석은 의미의 구멍을 그것의 담론의 결정자로 만드는 이 관계의 진리를 드러낸다."[24]

그런데 여기에 다음 내용을 마찬가지로 첨부해야 한다. 그것으로부터

---

23) *E.*, 806.
24) *E.*, 801.

결국 그 전체 속에서 작용이 정돈되는 최후의 규정이 의미의 구멍들의 관계처럼 시니피앙의 놀이를 규정하는 것에 접목되기 때문이다. 라캉은 시니피앙을 '대타자 속에 있는 결여의 시니피앙'이라고 부른다. 우리가 이미 알고 있는 것처럼 만약 대타자가 결국 보증인, 즉 말의 가능성의 조건이라면 그것은 대타자가 선행적인 어떤 것, 즉 시니피앙의 결합이 그곳으로부터 구성되는 원래의 기표로서의 어떤 것이기 때문이다. 그런데 이것은 대타자 자신이 아무것도 아니라는 조건에서만 가능하다. 즉 그 자신의 차례에 대타자의 대타자, 혹은 그렇게 말할 수 있다면 신이나 상징 0이 되는 것을 대타자에게 전혀 허용하지 않는 조건에서 그러하다. 대타자는 반대로 이러한 상징에 대한(그리고 신에 대한?) '결여' 자체의 시니피앙이고, 이 결여로부터 시니피앙 사슬이 연결될 수 있다. 그것은 "그것 없이는 모든 다른 시니피앙이 아무것도 대리하지 않는" 시니피앙 으로, 일반적으로 시니피앙의 순수한 간격이다. 이로부터 세번째 요점 의 필요성이 나온다.

"그런데 시니피앙의 총체가 시니피앙이고 그것을 통해 보완하는 한에서 시니피앙은 하나의 선이 될 수 있을 뿐이다. 이 선은 그 속에서 계산되지 않고 자신의 범위에서 그려진다. 즉 이 선은 시니피앙의 전체 속에서 −1의 속성으로만 상징화할 만하다. 그것은 이런 식으로 언표화가 불가능하지만 그렇다고 그것의 작용도 그렇지는 않다……"[25]

그렇기는 하지만 작용(메커니즘)의 가치가 의미의 파괴 순간이나 더 구나 의미와 작용이 대립되는 순간처럼 명백히 주제화되는 것은 아니다. 라캉 자신이 곧 '의미작용significance'이라고 명명할 원리인 순수한 '작용 성' 같은 어떤 것이 여기에 있다. 이 문제는 다시 다룰 것이다. 지금으

---

25) *E.*, 819.

로서는 단지 다음 사실만을 강조하자. 바로 여기에서 작용 자체는 자신의 가능성을 끌어내고 마찬가지로 시니피앙 논리, 다시 말해 구멍 혹은 결여에 역설적으로 "집중된" 그것의 자율성과 기능이 형성된다.

그러므로 이미 예고된 어떤 순간부터 시니피에 속으로 들어가는 이 입구를 보장하는 것이 마침내 가능하다고 생각할 수 있다. 그런데 그런 것은 아니다. 이것은 아직 발생하지 않았다. 의미는 실질적으로 유일하게 문자로부터만 생산될 수 있다는 것을 여전히 제시해야 한다. 마찬가지로 어떤 지점까지 기호 없이 지낼 수 있는지도 제시해야 한다. 그것이 결과적으로 우리가 이 책의 세번째 장으로 규정하려는 바의 목적이다. 이 세번째 장에 우리는 '시니피앙의 나무'라는 제목을 붙였는데, 사람들은 몇몇 페이지에서는 더 이상 놀라지 않을 것이다.

3. 시니피앙의 나무

우리가 방금 해설한 정식(왜냐하면 대수학은 그것 자체가 순수한 시니
피앙의 기능이기에 이 전환에서 시니피앙의 구조만을 드러낼 뿐이다)은 그
러므로 시니피앙 기능의 강제 혹은 순수하게 '구조적인' 조건을 정의한
다. 라캉이 '연결'로 설정한 것이 바로 이러한 시니피앙의 구조성이다.

"그런데 사람들이 공통적으로 언어에 대해 말하는 것처럼 시니피앙의
구조는 그것이 연결된다는 데 있다"(*E.*, 501).

이것이 의미하는 두 가지 내용은 다음과 같다.

1. 시니피앙의 단위들은 그것들의 '증가하는 병합'의 관점(다시 말해
소쉬르의 언어로는 체계의 관점)에서 보면 '최후의 변별적인 요소'(*E.*,
501)로 분해된다. 이 요소들은 음성학에서 말하는 음소이고 이것에 대
해 라캉은 오로지 '변별적인 결합'이라는 특징만을 강조한다. 바로 이러
한 이유 때문에 우리는 'Φωνή'(소리, 음조, 음소)에 어떤 특권이 부여되
었으며, 이것이 바로 음소를 알파벳 표기법에 적합하게 만들었다는 것

을 이해할 수 있다. 시니피앙의 다음과 같은 본질적 특징들을 인쇄 활자의 형상으로 모으는 '문자'라는 단어의 사용이 이로부터 나온다. 즉 한 편으로는 그것의 물질성과 위치화에 대한 능력, 또 한편으로는 변별적인 그것의 구조이다.

"이것을 통해 말 자체를 이루는 본질적인 한 요소가 이동식 활자 속으로 흘러들어가도록 예정되어 있다는 것을 볼 수 있다. 디도나 가라몽드 같이 소문자 케이스 속에서 서로 부딪치는 이 이동식 활자는 우리가 문자라고 부른 것, 즉 본질적으로 분산된 시니피앙의 구조를 아주 훌륭하게 보여준다"(*E.*, 501).

이렇게 요소로 분해되는 것이 일반적으로 '어휘'의 순서, 즉 "시니피앙의 구성적인 결합의 순서"를 규정하며 이 결합의 최고 한계는 "동사구"이다(*E.*, 502).

2. 이러한 시니피앙의 단위들은 그들 "상호간 침투"의 관점(다시 말해 소쉬르의 언어로는 연사의 관점)에서 보면 "닫힌 질서라는 법칙"(*E.*, 501)에 따라 구성된다. 라캉이 '위상학,' 다시 말해 장소들의 순수한 결합으로 정의한 영역의 근사치는 옐름슬레우에게서 차용[26]한 '기표들의 연쇄'라는 형상을 통해 볼 수 있다. "라캉에 따르면 고리로 연결된 목걸이가 또 다른 고리로 연결된 다른 목걸이의 고리가 되는 것"이다(*E.*, 502). 일반적으로 이것이 문법이고, 그것의 한계는 문장보다 직접적으로 더 높은 단위이다.

시니피앙의 연결은 그러므로 소쉬르가 말하는 연사와 체계의 두 축에 따라 기술된다. 그러나 이것은 엄격한 언어학의 관점에서 봤을 때 구조

---

26) *Le langage*, p. 56.

에 의해 구비된 가능성의 조건이 의미의 생산에 자리를 내어주는 지점 너머까지 시니피앙의 순수한 구조의 기능을 유지한다는 조건에서 그러하다.

이와 같이 담론의 수평적 혹은 선형적 차원 속에서 라캉은 의미의 완수나 고정을 드러내지 않고〔왜냐하면 "사슬을 이루는 요소들의 어떠한 것도 같은 순간에 가능해지는 의미화 속에 '있지' 않기 때문이다"(*E.*, 502)〕의미에 대한 시니피앙의 영구적인 예상만을 드러낸다. 다음과 같이 완성되지 않은 문장들을 활용하는 것은 바로 이 때문이다. "언제나 그것은 ～이다…… 나는 절대 ～않다. 아마 여전히……" 이 문장들은 결국 그것들이 기호를 설정하고 의미의 지연을 멈추는 바로 그곳에서 시니피앙의 효과를 생산해낸다. 이러한 활용은 라캉이 2년 전에 발전시켰고 「모든 가능한 정신병의 치료에 선행하는 문제에 대하여」[27]라는 텍스트에서 다시 취급한 『슈레버 의장』[28]에 대한 분석에서 예를 찾아볼 수 있다.

그런데 라캉은 이러한 시니피앙의 예상을 "부유하는 두 왕국"이라는 소쉬르의 이론에 접목한다. 그러나 소쉬르 이론에 마땅히 되돌려야 할 것을 고려해본다면 사람들은 이것이 적어도 소쉬르 이론을 변형하려는 것이 아닌가 하고 생각할 수 있다. 주지하듯 소쉬르에게는[29] 기호의 형성을 부유하는 두 덩어리의 '동시적' 절단으로 묘사하는 것이 관건이다. 이 두 덩어리란 소리와 사유의 덩어리로 그 내부에서 언어적 작용인 절단이 '있기 전에'는 소리나 개념처럼 그렇게 나타나지 않는다. 이것에 대해 잘 알려진 다음 도식을 보라.

그런데 라캉은 이 그림에 대해 이것이 "시니피에가 시니피앙 밑으로

---

27) *E.*, 539～40.

28) (옮긴이) 편집증 환자였던 슈레버 판사의 자서전이 최근 국내에서도 번역·출간되었다. 다니엘 파울 슈레버, 『한 신경병자의 회상록』, 김남시 옮김, 자음과모음, 2010 참조.

29) *Cours*, pp. 155～56.

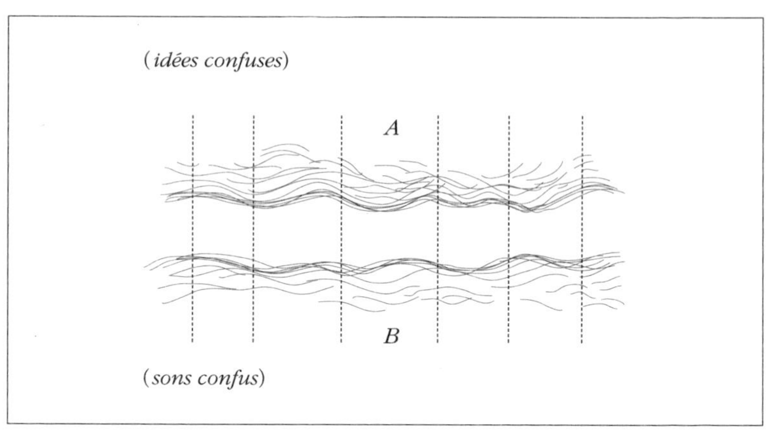

쉬르의 도식에 대항하여 이제 시니피앙의 독립성과 선재성을 주장해야한다. 이로부터 끝없는 시니피에의 미끄러짐이 나온다. 그런데 재미있는 것은 갑작스럽게 우리가 여기서 지금까지 조심스럽게 배제하고 지연한 그러한 어려움에 부딪히는 것처럼 보인다는 것이다. 왜냐하면 만약시니피에가 시니피앙이 붙잡는 것에서 벗어나고, '시니피앙'은 이러저러한 적절한 '의미화' 속에 '내재하지' 않는다면, 그리고 여기서 아무런 것도 운동 혹은 언제나 자신에서 빠져나오고 그 자신의 너머로 보내는 의미의 운동을 '멈추지' 않는다면 도대체 어떻게 의미화 혹은 의미의 '효과'를 이해할 수 있겠는가? 게다가 마치 흉내 내듯이 사유해야 할 운동자체를 미룬다면, 그러므로 이 질문의 위치 혹은 더 정확히 말해 이 질문에 대한 대우를 미룬다면 라캉이 말한 것처럼 소쉬르 체계의 변질 혹은 '수정'이라는 작용을 (어떤 지점까지) 가능하게 할 수 있을 뿐이다. 그리고 여기서 발견된 균열을 일단 서둘러 (민첩하게) 덮는다면 이것, 그러니까 소쉬르 체계의 변질이 얼마 동안은 여전히 계속될 것이라는 사실을 잠시 후에 볼 것이다. 그러나 "부유하는 왕국"의 도식은 저항한다. "부유하는 왕국"의 도식, 다시 말해 더 이상 단순히 일반적인 기호가 아니라 오히려 언어 자체의 구제척인 기능을 고려하는 도식은 우리가 알고있듯이 '의미화에서 가치로'[30] 이동하는 것을 강제한다.

　우리가 아는 대로 '해결책'은 여기(「문자의 심급」)에서 단순히 명명되거나 상기된 이른바 "누빔점points de capiton"에 관한 이론이다. 본질적인 것을 간단히 상기하기 위해 이 이론에 따르면 어떤 순간에 일반적으로 이런저런 장소에서 하나의 의미화를 생산하기 위해서는 시니피앙이시니피에의 미끄러짐을 마치 정박하는 현상처럼 멈춰야만 한다. 이 정박적 현상이란 "의미화가 유한하게 생산된 것으로 구성되는 장소"[31]에서 '구두점 찍기'를 발생시키는 것을 말한다.

---

30) 같은 책, pp. 157~58.

『에크리』의 805쪽과 808쪽 사이에 "누빔점"의 '그래프'가 나타나 있다. 아니면 단순히 "부유하는 왕국"이라는 소쉬르 도식의 '강'을 일종의 절단된 매트리스로 대체하면 된다. 누빔점 자체는 라캉에 의해 '신화적'인 것처럼 주어졌다는 것을 잘 상기할 필요가 있으며, 그러므로 자신이 가장하는 고유한 의미를 넘는 곳에서 이미 미끄러지고 있는 그런 의미화는 존재하지 않는다. 예를 들어 그것은 1958년 1월 22일 세미나의 텍스트가 강조한 것으로 라플랑슈가 본느발에서 무의식에 대해 발표하면서 이것을 인용했다.

"두 사슬 사이에서…… 언제나 미끄러지는 과정에 있기 때문에 이동하는 시니피에로부터 순환하는 모든 것에 관계하는 시니피앙의 사슬, 내가 지금 말한 고정시키기 아니면 누빔점은 신화에 가깝다. 왜냐하면 절대 그 어떤 이도 한 시니피앙에 하나의 의미화를 고정시킬 수 없기 때문이다. 반대로 우리가 할 수 있는 것은 하나의 시니피앙을 또 하나의 시니피앙에 고정시키는 것이고, 그렇게 해서 무엇이 발생하는지 볼 수는 있다. 그러나 이 경우에 언제나 새로운 어떤 것……, 즉 새로운 의미화가 출현한다."[32]

그러므로 비록 잠정적이긴 하지만 어려움을 다시 회피한다. 그렇지만 이 어려움은 이 절에서 마치 우연처럼 입증에 대한 담론적 선형성을 변질시키게 된다. 그런데 엄밀히 말해 역설적으로 소쉬르의 선형성[33] 자체가 모든 담론을 방해한다. 비록 나중에 이 문제를 다시 다룰 수도 있지

---

31) "Subversion du sujet," *E.*, 806.

32) Laplanche-Leclaire, *L'inconscient, une étude psychanalytique*, Actes du colloque, Desclée de Brouwer, p. 118.

33) (옮긴이) 선형성이란 언어에서 두 요소를 동시에 발화하는 것은 불가능하다는 속성으로 기호들의 변별적 체계 속에서 하나의 기호가 하나의 의미를 지닌다는 이론과 연결된다.

만, 결국 앞의 구절을 『일반언어학 강의』 4장에 대한 완곡한 "해설"처럼 생각한다면 이제부터 다음과 같은 사실을 강조하는 것이 중요하다. 그럼에도 불구하고 "실질적인 항이 없는" 차이들의 체계로서 언어의 원리를 구성하는 것이 이 선형성이고, 이러한 이유 때문에 이 선형성이 문자들의 물질적인 표기인 이 "비교되는 항"을 제공한다는 사실 말이다.[34] 그런데 "유일한 목소리를 통해 그것이 방출되는 것, 그리고 우리의 표기에서 그것이 등록되는 지평에 부합하여 담론의 사슬을 구성하는 것처럼 소쉬르가 생각한 선형성은 비록 그것이 필요하기는 하지만 충분한 것은 아니라고" 라캉은 말한다(*E.*, 503). 그러므로 약간이라도 선형성을 거부할 필요가 있다. 그런데 실상 여기서 회피되는 것은 소쉬르의 "실증주의" 같은 어떤 것이다. 그러한 기호가 (그러므로 단순히 "별도로 취해진" 시니피앙과 시니피에가 문제인 것이 아니라) 문제시되는 순간부터, 혹은 달리 말해 4장의 네번째 구절에서부터 "실제적인 사태"처럼, 게다가 "언어가 포함하는 유일한 종류의 사태"처럼 결합을 이해하는 이론을 위해 이 실증주의는 순수한 차이(언어 속에는 차이만이 있다)를 변경한다. "왜냐하면 실제적인 용어인 기호들을 서로 비교하는 순간부터 더 이상 차이에 대해 말할 수 없기 때문이다."[35] 그러나 이것은 다음 사실을 설명하는 데 충분하다. 즉 선형성에서 인정하는 유일한 필요성은 담론에 부과하는 시간상의 방향성을 통해서만 정의된다는 것과, 이러한 인정은 적어도 선형성이 이러한 명목으로 언어 속에서 "시니피앙적 요소처럼 취해지는 것"을 허용하면서 마지막에 그것을 구하는 것처럼 보인다. 언어 속에서 대상과 주체를 문법상으로 구별하는 것은 다음과 같은 명제의 항들을 뒤집는 가운데(피에르가 폴을 때린다 대신 폴이 피에르를 때린다) 시간적인 전복이 생겨나는 것을 허용한다. 왜냐하면 모든 것이

---

34) *Cours*, pp. 165~66.
35) 같은 책, pp. 166~67.

"누가 시작하였나"에 달려 있다는 것이 너무 잘 알려져 있기 때문이다.

결국——아마 우리는 이 충격에 대해 다시 말해야 할 것이다——만약 선형성이 '충분하지' 않다면, 그것은 "다중음소가 시 속에서 들리게 만들고, 모든 담론이 한 분할의 여러 범위에서 정돈되는 것이 밝혀지기 위해서는……시를 듣는 것만으로 '충분하기'(이 말을 우리는 강조하는 바이다) 때문이다"(*E.*, 503). 그러므로 '본질적으로' 담론을 구성하는 것은 시니피앙 사슬의 연사적 결합이나 통사론적인 수평성이 아니라 계열적이고 체계적인 깊이, 의미적이고 어휘적인 상호관계의 작용이다. 선형성이 문제를 일으킬수록 그만큼 수직성(약속의 땅……)이 분명해진다. 만약 수직성이 하나의 은유, 그리고 아마 일반적인 은유성에 대한 은유가 되는 하나의 은유(음악의 유추)를 통해 도입된다면 그것은 우연이 아니다. 이러한 '양상'에 대해 보자면 아마 엄청난 결과가 도출될 것이고 점진적으로 그 효과들을 평가해야 할 것이다. 그러나 선행적으로 그것을 분석해야 한다. 결국 무슨 일이 일어났는가?

단지 다음과 같은 일이 벌어졌다. 선형성과 연관되고 모든 기대에 반하여(다시 말해 횡선을 뛰어넘는 것, 그리고 순수한 의미작용의 가능성을 보장하기 위해 시니피에 속으로 들어가는 것을 여전히 지연하려는 명백한 의지에도 불구하고) "누빔점 만들기"와 구두점 찍기를 강요하는 이 어려움 자체가 이제는 언어의 '시적' 목적을 허용하고 창설한다.

"결국 시니피앙 단위들 각각에 대한 '구두점 찍기'(강조하는 바이다)에 의존하여, 그리고 더 정확히 말한다면 이 '구두점'(또다시 강조하는 바이다)에 수직으로 매달린 그러한 문맥으로부터 연결되는 모든 것을 지탱하지 않는 시니피앙의 사슬은 절대로 없다"(*E.*, 503).

게다가 이것이 소쉬르에 대한 '수정'을 다시 하는 것, 그리고 아마도 그 말의 '재치 있는'(단어의 가장 낭만적 의미에서) 특징을 통해서만 정의할 수 있는 이러한 작업을 즉각적으로 가능하게 만드는 것이다. 도식에 대한 시각적 변용의 재치를 또 다른 변용이 대체하는데, 이것은 이번에는 언어적이고 소쉬르의 '나무'에 대한 철자 바꾸기(막대)[36]에 기초한다.[37]

"이처럼 우리 용어를 다시 사용하여 나무를 고립적인 명사가 아니라 구두점 찍기라는 용어로 이해한다면, 우리는 이것이 단순히 막대라는 단어의 철자를 바꾸는 것이라는 사실을 강조하는 게 아니라 소쉬르 대수학의 철자 바꾸기를 넘어선다는 것을 볼 수 있을 것이다"(*E.*, 503).

이것은 단순히 제한적인 주의이다. 왜냐하면 이 나무에 대해 그 자체가 시적이고 시적인 힘을 갖거나 문학적인 용례로 말하자면 단어를 불러내는 '영매자*évocateur*'의 힘을 갖는 일종의 증명이 즉각적으로 뒤따르기 때문이다. 만약 이러한 모든 활용이 마지막 단계에서 사람들이 나중에 상징주의의 계승 속에서(그것이 어디까지 갈지 다 알지만……) '말의 연금술' 혹은 '영매적인 마술'이라고 부르게 될 것에 의존하는 것이 사실이라면 여기서 참고하는 글이 부적절하다고 믿지 않도록 주의해야 할 것이다. 그러므로 이 텍스트에 대해 '해설하는 것'(그렇지만 '나무'라는 단어에 대해서는 '리트레' 사전을 참조하라)이 문제는 아니다. 아마도 단순히 이 텍스트를 다음처럼 읽어야 하는 것, 다시 말해 (그 어느 때보다도 이 글에서는) 이해해야 하는 것으로 (다시) 제공하는 편이 나을 것이다.

---

36) (옮긴이) 나무는 프랑스어로 arbre인데 이 말의 철자 순서를 바꿔 시니피앙과 시니피에를 분리하는 막대barre라는 단어를 만든다는 뜻이다.

37) 글을 읽으면서 여기서 다른 종류의 철자 바꾸기(이곳에서 또 다른 무의식이 관계된다)를 소쉬르 자신이 수행했고, 또한 언어학에 가해진 또 다른 수정, 혹은 또 다른 재치로서 도대체 어디까지 이러한 작업이 행해졌는지 알기 위해 소쉬르의 작업에 의문을 던져볼 수 있다는 것을 주목하지 않을 수 없다. 이것은 소쉬르와 라캉의 관계에 영향을 미치는 보완적이고 기이한 복잡성으로 여기에서 복잡함이 뒤얽히기 시작함을 볼 수 있다.

“왜냐하면 나무가 그것의 모음과 자음의 이중층으로 분화하면서 로브르와 플라타너스라는 나무와 함께 식물군 속에서 힘과 위엄을 갖춘 의미화를 불러내기 때문이다. 그것이 성경에 나오는 히브리 사람들이 사용하는 상징적인 모든 맥락을 흡수하면서 나무는 불모지 언덕 위에 십자가의 그늘을 드리운다. 그리고 양분의 기호인 대문자 Y로 환원되는데, 이것은 역사적인 문장의 이미지도 없고 그것이 뜻할 수 있는 모든 계보에서 나무와 전혀 연관이 없다. 혈액이 도는 나무, 뇌를 가진 생명의 나무, 사투르누스 혹은 다이아나의 나무, 벼락을 끌고 오는 나무에서 침잠하는 수정체, 시련의 불을 거친 껍질 속에서 우리의 운명을 그리는 것은 여러분의 상상이고, 존재의 완만한 탈바꿈을 셀 수 없는 밤으로부터 언어의 Εν Πάντα(정확한 번호 1) 속에서 튀어 오르게 하는 것은 여러분의 번득임이다.”

“아니야! 하고 나무가 말한다. 그 화려한 머리로부터 불꽃 속에서 아니야! 라고 나무가 말한다.”

이 시를 우리는 나무의 조화로움과 마찬가지로 그것의 이면에서도 적법하게 이해할 수 있다.

“폭풍우가 풀잎에 대해 그렇게 하는 것처럼 일반적으로 다루네.”

왜냐하면 이 근대시는 시니피앙의 병행이라는 동일한 법칙에 따라 정돈되는데 그 조화로움은 슬라브 계통의 원시 서사시와 가장 세련된 중국 시를 지배한다.

‘아니야’라고 말하는 것과 ‘~처럼 다루다’의 모순된 기호가 그 속에 함께 발생하게 하기 위하여 존재자라는 공통된 양식에서 나무와 풀을 선택하는 것에서 보는 것처럼, ‘화려한’이란 단어의 특수성과 ‘보편적으로’ 그것이 환원되는 이 범주적인 모순을 통해서 ‘머리tête’와 ‘폭풍우

tempête'의 압축[38] 속에서 영원한 순간의 식별할 수 없는 불꽃이 함께 완성된다(*E*., 504).

그러므로 횡선을 넘어서는 것은 그 자체가 제시되기 전에 결국 이러한 양태와 스타일 속에서 작동한다. 다시 말해 그것은 의미의 생산이다. 의미는 그것의 고유한 가능성인 언표에 선행하여 주어지는데 입증의 관점에서 보면 모든 것이 여전히 말해져야 하기 때문이다. 나무라는 시가 완성되고, 선회가 완수되면 여전히 기표 작용을 생산하기 위해 노력해야 하는 것은 바로 그 때문이다. 그래서 결국 마지막 장에서 우리는 '의미 작용'이라는 제목을 달 수 있었다.

---

38) (옮긴이) '머리'와 '폭풍우'에 각각 ête라는 접미사가 들어가 둘을 연결하면서 의미를 하나로 합치는 작용이 일어난다는 뜻이다.

그러므로 문자에 연결되는 장치는 시니피앙에 그것의 구조를 부여하는 것으로, 혹은 그것이 구조적으로 시니피앙을 구성하는 것으로 묘사되고 배치되었다. 지금으로서는 그것을 통해 시니피앙이 횡선을 넘는 시적 선회는 잊도록 하자. 왜냐하면 동일한 선회가 되풀이됨을 볼 수 있을 것이기 때문이다.

현재로서는 어떻게 연결에 대한 묘사가 계속해서 "시니피앙"이라는 용어의 이중 가치에 상응하는 두 명부 사이에서 계속해서 분할되는지를 더 잘 이해할 수 있을 것이다.

왜냐하면 한편으로 우리는 시니피앙의 질서를 '대수학'으로 고려하려고 한다. 즉 시니피앙을 어떤 자족적 단위로, 그것이 일단 부과되면 결합과 "국지화"($E.$, 501)의 양태 위에서 자신의 속성들을 자족적으로 발달시키는 그런 것으로 이해한다.

다른 한편으로 우리는 기표의 '작용'을 계속해서 우회적인 수단으로만 고려하는데 결국 대수학이 이 작용에 대해 기능을 수행하기 마련이다.

기표의 작용이란 최소한 언어학적인 한 부분인 기호의 부분, 다시 말해 의미화의 (그리고 의미화 속의) 요소로서 "청각적인(혹은 이차적으로는 그래프식의) 이미지"라는 소쉬르 개념에서 역설적으로 그것을 "시니피앙"으로 유지하는 것이다. 그러므로 문제는 이러한 능동적이고 생산적인 가치이며, 이것이 "시니피앙"이라는 단어가 그 위에서 형성되는 현재분사 속에 내포되어 있다. 그리고 최종적으로(결국 대수학에 의한 계산에서) 라캉이 좀더 뒷부분에서($E.$, 510) "의미작용"이라 부른 것을 규정하는 것이 이 가치이다.

이제 이 작용에 대해 더욱 적절한 질문을 제기해야 한다. 그러나 다음과 같은 사실이 빠르게 확정되는데, 그것이 확보되는 순간 자체에 질문이 제기되는 것은 엄밀히 말해 라캉이 나중에 그 자신이 "시니피앙의 고유한 기능"($E.$, 505)이라고 명명하는 그러한 작용의 속성 혹은 성질이다.

의미작용은 결국 라캉이 말한 것처럼($E.$, 504) "시니피에의 층위로 이동"할 때, 그리고 그것이 그렇게 의미화를 감당할'($E.$, 504) 때 보이는 시니피앙의 작용이다. 그러므로 만약 의미작용이 절대로, 엄격히, 그리고 단순히 의미화 자체는 아니라 하더라도, 그것은 의미화를 가능하게 만들며 자신으로부터 의미화를 구성하려고 하는 그런 것이기도 하다. 「문자의 심급」이라는 글에서 '의미작용'이라는 용어가 보일 때 우리가 그 용어를 이곳에서 취한 것은 프로이트의 『꿈의 해석』에 나오는 '해석 Deutung'이란 단어를 번역하기 위함이다. 만약 프랑스어에서 '의미화'로부터 '의미작용'으로 가기 위해 하나의 접미사가 필요하다면, 독일어에서는 '의미화,' 즉 '단어 Bedeutung'를 만들기 위해서 접두사 be를 필요로한다(접두사는 의미를 '부여하고' 이 단어의 일상적 의미로 시니피앙을 만드는 그런 행위나 작용을 지시하는 데 쓰인다). 의미작용은 이처럼 최소한의미화의 '경계'에서 작용한다. 다시 말해 그것은 지금까지 라캉에 의해 시니피앙의 영역에서 배제된 것을 건드린다.

그런데 이것이 또한 의미작용에 대한 취급이 의미화의 가장자리 자체에서 시니피앙의 자율적이고 독재적인 모든 가치(사람들이 말하는 것처럼 마지막 층위에서 ‘횡선’이 저항하는 모든 가치)를 다시 떠맡는 이유이기도 하다. 이 가치를 우리는 아주 엄격하게 ‘비기표적인 것non-signifiante’으로 부를 수 있을 것이다.

시니피앙의 문자성에 부합하여 의미의 생산은 시니피에를 고려하지 않은 채 발생하기 마련이다. 그러므로 어떤 식으로는 텍스트(*E.*, 504)의 이 부분을 여는 정식 속에서 다음 사실을 이해해야 한다. “시니피에의 층위로 이동한다”는 것은 언제나 다시 말해 이 한계를 넘어서지 않고 시니피에의 ‘한계로’ 이동한다는(혹은 벌써 그것을 초과하였지만, 바로 그 결과로 시니피에가 이 한계에서 즉시 고갈되며, 구두점 찍기가 해소되고 미끄러짐이 영속화된다는) 것이다. ‘그러므로 의미작용이 횡선을 넘는다’는 사실과 ‘의미작용은 횡선을 따라서만 미끄러진다’는 이 두 테제를 그 전체 속에서——물론 여기에 어려움이 없는 것은 아니지만——유지해야 한다.

이러한 이율배반적인 작용에 대해서 이미 이 구절 속에 있는 텍스트의 내용(*E.*, 504~509)이 증명하고 있다.

결국, 시니피앙의 작용은 우선 문제 속으로 ‘주체’를 도입하는 것을 통해서 예시된다.

“그런데 이 시니피앙은 전적으로 주체 속에서 나타나는 한에서만 작용할 수 있다고 말할 수 있을 것이다”(*E.*, 504).

그런데 고작 반쪽 정도도 이 ‘주체’에 대해 할당하지 않는다. 라캉에게는 의미의 모든 생산을 환유와 은유 같은 전의적인 것의 몫으로 즉각 돌리기 위해서는 의미가 주체를 위해, 그리고 주체를 통해서만——이 규정에 대해서 이것은 단지 “고전적인 것”이 아니고 그것을 구성하는 용어

들에 절대적으로 내재한다는 것을 말할 필요가 있다—발생할 수 있다
는 것을 인정하는 것으로 족하다. 환유와 은유 속에서 이행의 모든 결과
를 점유하고 동일한 작용으로 라캉 글의 첫번째 부분의 결론을 구성하는
주체성은 더 이상 개입하지 않는다.

이처럼 주체에 작용하는 책략은 주체가 그것에 복종하는 대우를 통해
서만 이해할 수 있다. 결과적으로 우리가 텍스트의 비율에 대해 역전된
비율을 해설에 할당하는 한이 있더라도 바로 이 대우에서 먼저 멈추어
살피는 것을 시작해야 한다.

"주체 안에서" 시니피앙의 "현존"으로 이해하는 의미화는 결국 좀더
위에서는 시니피에에 대한 접근이라는 생각에 혹은 시니피앙이 시니피
에 속으로 들어간다는— 들어간다는 것에 대한 설명은 불가피하게 연
기되었다—생각에 연관된다.

의미화의 장소가 주체일 것이라는 사실이 라캉이 자주 하는 방식대로
'기호'에 대한 정의를 충분하게 보여준다.

"기호란 누군가를 위해 어떤 것을 대리하는 것이다."[39]

이 정의는 "어떤 것"을 통해 우리가 이미 주목한 것을 강조하는데 그
것을 다음처럼 상기해야 한다. 즉 라캉은 언어학(소쉬르)의 기호에서 자
신이 탐구하는 주제들의 요소(시니피앙, 시니피에 등)를 선취하면서도 그
속에서, 그리고 그것에 대해 언어학 속에서 이 요소들이 그렇게 전체로서
보유하는 것, 즉 '기호'의 기능 혹은 표상하는 기능(결국 기능은 참고하는
기능으로서 이것에 의해 연루된다)을 배제한다. 바로 이러한 이유 때문에
라캉은 또한 "기호"라는 이름을—그것에 대해 방금 언급한 정의대로

---

39) 예를 들어 "Position de l'inconscient," *E.*, 840.

──순수한 지시적 기능에 국한한다. 지시적 기능이란 예를 들어 동물들의 "언어-기호"라고 명명하는 그러한 기능이다.[40] 라캉의 "기호"는 이처럼 '지시적' 기호의 개념을 포함하며 은밀하지만 끈질긴 고집의 효과를 통해 라캉은 그것을 직접적이고 거의 즉각적인 참조성이라는 동기("사물"의 배제, 그리고 그 귀결인 의지, 즉 기호에 대한 모든 철학적인 전통에서 빠져나오려는 의지라고 우리가 기억하는 것이 그것이다. 그리고 좀더 멀리서는 이 동기가 언어적 유희의 구성 속에서 작동하는 것을 보게 된다)와 관계 맺도록 한다. 라캉은 이런 고집을 통해 기호를 단순히 '신호'와 동일하게 여기거나 혹은 퍼스가 부여한 의미인 '지시사'와 동일시하기까지 한다. 기호란 여기서는 순수한 참조, 다시 말해 이것에 대항하여 시니피앙의 자율성과 더불어 횡선의 저항이 부여되는 순수한 참조이다.

반대로 시니피앙은 그 속에 '어떤 것'의 소개나 지시적 지표에 대한 것이 전혀 없는 의미작용의 기능을 수행한다. 그러나 '어떤 것'을 포기하면서 또한 시니피앙은 불가피하게 그것의 관계항인 '누군가'를 포기하기마련이다. 만약 참조의 제시가 없다면 의미작용 속에서 우리는 그에 대해 일반적인 참조가 있을 수 있는(혹은 있어야 하는) 누군가가 제시되는 것도 그와 마찬가지로 볼 수 없을 것이다. 좀더 엄밀하게 말해 지시성에 관계하면서 그것을 통해 "어떤 이," 혹은 어떤 주체의 형상과 지위를 차지하는 무엇이 나타나는 것을 볼 수 없을 것이다.

라캉도 우리가 인용한 페이지에서 다음과 같은 보충 내용을 통해 기호의 정의를 좀더 확장한다.

"그러나 이 누군가의 지위는 불확실하다."

결론적으로 주체가 우리 텍스트 속에 나타나는 순간에 우리가 검토해

---

40) "Fontion et champ de la parole," 특히 *E.*, 296과 다음 쪽을 참조하라.

야만 하는 것이 이러한 주체의 "불확실성"이다. 우리는 이처럼 두 가지 규정을 다루어야 한다.

1. 한편으로 의미화의 주체, 적어도 순수한 기표적 작용 속에서 그 "단어들"에 대해 "떠안을 준비가 된"(*E*., 504) 이러한 "의미화"의 주체는 의미를 지배하는 주체성이 아니다. 의미화가 완수되고 멈출 수 없는 만큼 시니피에는 그것의 영속적인 미끄러짐에서 빠져나올 수 없으며, 마찬가지로 주체는 의미에 하나의 의미를 주고 의미를 만들거나 구성하는 이러저러한 누군가가 아니다. 라캉의 의도에 따르면 "주체 속에서" 시니피앙의 "현존"은 그러므로 역할의 전복이나 주체에 대한 시니피앙의 종속이 될 수 없다. 주체는 그 자신에 대해 현존하는 것에 의해 지배되며, 라캉이 말하는 시니피앙 "주체"의 "의미"는 오히려 다음과 같다. 우리가 보겠지만 주체의 의미는 시니피앙의 위상학적인—전의적인—장소로 이 "의미"를 기표 기능 자체 속으로 해소하러 오고 그것을 미끄러지게 만드는 그런 것이다.

2. 또 한편으로 이 첫번째 명제의 역을 언급해야 한다. 라캉식 시니피앙의 장소, 그것은 여하튼 바로 주체라는 것이다. 이 구절의 텍스트가 지시하는 것의 간결성에도 불구하고 근본적으로 시니피앙의 논리가 여기에 안착하는 곳은 바로 "주체의 이론" 속이다.

주체의 이론 속으로 돌아오기 위해 텍스트로부터 다시 출발해야 한다. 여기서 주체에 집중된 네 문단에서(*E*., 504~505) 놀라운 것은 의미화의 공정이 여기서 주체를 벗어나 진행하고 발생하는 것처럼 묘사되어 있다는 것이다.

왜냐하면 오히려 주체의 내부에 있는 것처럼 알려진 기능은 바로 "전혀 다른 것"(*E*., 505)과 "행들 사이"(*E*., 505) 속에서 규정되기 때문이다.

아마도 이러한 기능은 텍스트를 통해 한 주체의—"언어가 내게서 다른 주체들과 공유되는 한에서"(*E*., 505) "나는"~이다가 되는 그 주체의—의도와 능력에 연관된다. 여기서 모든 행동의 주체, 즉 기표적 작용의 주체가 바로 이 "나"다. "나"는 "의미를 말"할 수 있고, "이해될 수"도 있다. 그러나 이 주체는 라캉의 주체는 아니라고 즉시 말해야만 한다.

이 역설의 이유를 설명하기 위해서는 여기서 텍스트가 그 위에서 동시에 작용을 하고 그것을 분석하는 것이 중요한 이중의 영역을 검토해야만 한다.

1. 첫번째 영역에서 텍스트는 용어의 고전적 의미에서의 주체(더구나 그것이 하나의 인물처럼 행동하기 때문에 실존적인 양식 위에서 암시된다), 다시 말해 의미화 혹은 '말하려 하는 의지'〔여기서는 "이해되기를 원하는"(*E*., 505) 형태로 소개된다〕가 가능한 주체를 일종의 무대화하기 시작한다.

고전적인 관점 자체에서 말하려 하는 의지는 그 반대항인 말하려 하지 않는 것〔우리 텍스트에서는 "감추다"(*E*., 504)란 용어 혹은 "위장하다"(*E*., 505)라는 용어〕과 다툰다. 다시 말해 "말하려 하는 의지"는 근본적으로 항상 고유한 의미로서 혹은 속성에 대한 의미의 적합성으로서 진리라는 목표와 다툰다.

그런데 라캉이 마음에 두는 것은 이러한 목표가 아니다. 적어도 이 목표가 적합성을 확보하려는 동기의 내부에서 어떤 식으로는 참고대상에 대한(다시 말해 이것에 대해 목표가 적절하고 알맞거나 혹은 그렇지 않을 수도 있는 "사물"에 대한) 목표를 따로 분리하는 것이 가능하고, 목표 자체를 위해 그것이 작동하게 하거나 연구하는 게 가능하다는 한에서만 목표에 관심을 갖는다.

두 아이의 우화를 상기하면서 라캉은 비록 아이들이 시니피에에 대한 접근 가능성이 전혀 없음에도—예컨대 신사-숙녀가 미지의 언어로 쓰여 있다면—이 우화는 여전히 참이라고 말한다. 라캉은 "단어에 대한 분쟁"은 "의미화를 떠안으려는 준비가 되어 있다"(E., 504)고 쓴다. (이 아이들이 가지는 "주체"라는 지위는 이제부터 문제처럼, 적어도 변경된 것처럼 나타난다는 것을 이것에 첨가하자.) 그러므로 시니피앙의 유일한 놀이에 대해서만 의미화 자체가 기다려질 수—그렇게 되어야만?—있다. 시니피에의 목표를 그런 식으로는 고려하지 않았다. 고려하고 있는 것은 오히려 그것의 문맥에서 추상화되고, 그 고유한 놀이 외의 다른 것에 대한 모든 적합함과 적응에서 벗어난 적합함의 기능 자체일 것이다. 이 놀이는 그것의 자율적 기능 가운데 있는 놀이로서 시니피앙들의 결합을 통해 벌어짐과 변질을 가능하게 한다. "하나의 언어가 다른 주체들과 내게 공통된다는 것에 근거해서," 다시 말해 계약과 위에서 토론한 보증에 근거해서 말하려고 하는 의지는 "그것이 말하는 것과 '전혀 다른 것'을 의미하기 위해"(E., 505) 이 언어를 활용할 수 있다.

"전혀 다른 것"은 만약 우리가 여전히 이처럼 표현할 수 있다면 기호의 기능을 규정하는 "어떤 것"의 자리에서 속성들에 자격을 부여하면서 시니피앙의 기능을 특징짓는다.

그것은 예를 들어(우리가 알고 있듯이 이제 그것은 더 이상 예가 아니다) 여기서 "나무"라는 시니피앙의 고갈되지 않는 가능성에 대해 새로운 운동이 발전시키는 것이다. "속임을 당하다" 대신에 "속여 먹다"라고 말하거나 '입다' 대신에 '자랑스럽게 몸에 걸치다'라고 하는 것은 "사태의 전달" 이외에(그리고 소통은 고전적인 주체에 관계하고 그것을 구성한다) 조롱이라는 보충적인 효과를 그것에 반해 생산한다. 이처럼 "유일하게 시니피앙을 통해서 '행간에서' 진리를 듣도록 만든다"(E., 505).

여기서 이러한 "곡예들," 그러니까 시니피앙의 놀이가 라캉이 명한 것처럼 '내포'—이것의 '수사학'이 (언어학적 의미에서)[41] 시니피앙이다

---

41) R. Barthes, *Éléments de sémiologie*, IV. 2.

──를 정의하거나 적어도 묘사한다는 것을 보여주어야 한다. 바로 이러한 체제 속에서 텍스트의 뒷부분이 발전하게 된다. 즉 의미작용은 내포를 정돈하는 일반화로서 기능하고, 같은 작용 때문에 의미화와 주체 기능이 일탈되기 마련이다.

그런데 말하려는 의지의 내부에서(고전적인 이론에서는 여기로부터 벗어날 수도 없고, 그 의지에 대해 이것은 특별히 강조된 양상이라고 말할 수도 있다) 내포된 것의 힘을 여전히 유지하는 것, 혹은──이것이 동일한 것이 된다──여기서 여전히 외연이라는(적합함이라는) 힘의 필연적 결과를 만드는 것, 그것은 "진리를 알 수" 있는 주체의 다음과 같은 무대화이다. "만약 내가 진리를 알고, '행간'의 모든 검열에도 불구하고 그것을 듣게 할 수 있다면"(*E.*, 505) 나는 결국 할 수 있다.

"진리를 안다"는 것, 그것은 라캉의 주체가 할 수 없는 것이다. 이러한 지식을 박탈당한 그런 주체가 '단순히 외연에서 분리되고 구별된'(주지하듯 의미작용은 그러한 정식을 통해 가능할 수 있기 때문이다) 내포의 주체가 될 수 있다.

2. 바로 여기서 이번에는 암시적인 이 텍스트의 두번째 영역으로 가야 한다. 이 이행 때문에 『에크리』의 또 다른 텍스트를 참조해야 한다.

만약 문자의 과학을 위해 한 주체가 문제시된다면, 이 주체는 지금 여기까지는 오히려 말하려는 의지의 인물처럼 지시해야 하는 그것에 의해 감춰졌음에 틀림없다. 이 주체는 그것에 대한 유일한 진리가 성공한 의미화나 적합함의 진리가 되는 대신 다음과 같은 유명한 명언(1956년, 즉 「문자의 심급」이 나오기 이전에 나온 말)[42] 속에 언표된 그러한 진리가 되는 주체이다.

---

42) "La chose freudienne," *E.*, 409.

"나, 진리, 내가 말한다……"

이 진리—그것의 이론이 이제 주체의 이론을 끌고 온다—는 주체가 '알 수' 있는 그러한 진리가 아니다. 이 진리는 모든 지식에 선행하며 외재적이다. 왜냐하면 라캉이 그 후로 그것을 엄밀히 한 것에 맞도록[43] 이 진리를 다른 참조 없는 말 자체에 대한 진리의 동일시로, 특별히 모든 메타언어, 즉 의미의 모든 의미를 배제하는 것에 대한 진리의 동일시로 이해해야 하기 때문이다.

"그것이 말한다는 사실에 의해 스스로 창조되는"(*E.*, 867~68) 이 진리는 그것이 지시해야 하는 어떠한 다른 '사물'이 아니라 단지 말에서만 지탱한다. 이 진리는 기표적 구조의 공간 혹은 구멍 속에서만 자리를 잡는다.

"'전혀 다른 어떤 것tout autre chose'을 의미하는" 기능이 "(대부분의 경우 정의할 수 없는) 주체의 사유를 감추는 데" 쓰이지 않고 오히려 "참된 것을 찾는 가운데 이 주체의 자리를 지시하는 데"(*E.*, 505) 쓰이게 될 때 텍스트를 통해 주체에게 할당된 것은 바로 이 구멍 자체이다. 정의되지 않는 것을 "감추는 것"이 문제는 아니다. 다시 말해 주체는 속성도 가지고 있지 않으며, 그가 감출 수 있는 내부는 더더욱 가지고 있지 않다(그리고 이러한 의미에서 라캉의 진리는 우리가 앞에서 말한 적합함 같은 진리와는 단호하게 거리를 둔다). "'전혀 다른 어떤 것'을 의미하는" 기능은 "아주 다른 것tout autre"의 공정에 따라 "'어떤 것도 아닌 것 rien,' 부재를 '감추기 위해서만' "변장"이라는 이 모델을 따른다. "아주 다른 것"이란 시니피앙 사슬을 따라 무한히 진행되는 이타성과 왜곡이다. "아주 다른 것," 그것은 말 자체, 즉 진리이다(그리고 이러한 의미에서 이 진리는 적합함의 모델을 변질시키거나 혹은 빗나가게 하는 것으로 그

____

43) "La science et la vérité," *E.*, 867~68.

것을 활용하면서만 거리를 둘 수 있다). 지금으로서는 다음과 같이 정식화하려고 노력할 수 있을 것이다. 만약 문자가 어떤 사물에, 특히 어떤 "정신"에 적합한 것으로 되는 것이 더 이상 문제가 아니라면, 반대로 비적합성이라는 영구적이고 근본적인 행위에 대한 문자의 적합성(진리)이 문제시된다.

주체가 변질되지 않고 그 자신의 차례에 기표의 유일한 구조 속에서 자신의 자리를 취하면서 소외되지 않은 채 이 "다른 것"을 "의미할 수" 없을 것이라고 말할 수 있을 것이다.

우리는 어떤 큰 특징을 통해 여기서 간단히 이 자리—이 구멍이라는 이 다른 장소화—를 표시하는 데 만족할 것이다. 그것은 「문자의 심급」을 넘은 곳에서 엄격한 필연성을 그것으로부터 끌어내기 위한 것이다.

주체를 "시니피앙이 대리하는 그것"[44]으로 정의하는 것을 다음과 같이 이해해야 한다. 만약 주체가 말의 가능성이고, 만약 이 말이 시니피앙의 사슬처럼 실행된다면, 이제부터 하나의 시니피앙이 다른 또 하나의 시니피앙과 맺는 관계, 혹은 라캉이 말한 것처럼 하나의 시니피앙이 또 다른 시니피앙을 위해 "대리하는 것"—예컨대 사슬의 구조 자체—바로 여기에 "주체"라고 불러야 하는 것이 있다.

이로부터 원을 구성하는 두 가지 정의가 나온다. 이 원에서 시니피앙의 논리와 주체의 이론은 하나가 다른 것 속에 다음처럼 서로 적용된다.

1. 시니피앙, 그것은 또 다른 시니피앙을 위해 주체를 대리하는 그런 것이다.[45]

2. 주체, 그것은 시니피앙이 대리하는 것이고 오직 또 다른 시니피앙

---

44) "Position de l'inconscient," *E.*, 835.
45) 예를 들어, "Subversion du sujet," *E.*, 819.

을 위해서만 대리될 수 있다.[46)]

　이렇게 주체가 사슬 속에 위치하는 것—어떤 식으로는 그 연결 관계의 기능 자체처럼 혹은 이 연쇄의 '이유'처럼 자리 잡는 것—을 라캉은 특별히 언어학이 '전환사shifter'(프랑스어로는 연동장치embrayeur)[47)]라는 이름으로 지시한 것 속에서 찾는다. 야콥슨을 인용하자면 전환사는 "문법적인 단위의 특수한 부류"이며 "그것의 일반적인 의미화는 메시지에 대한(라캉의 용어로 바꾼다면 기표적 연쇄에 대한) 참조를 벗어나서는 정의할 수 없다." 야콥슨이 말하는 것처럼 전환사의 가장 인상적인 예는 인칭대명사이다. "나"는 문법 속에서 메시지를 지시하지 않고는 완성된 의미화를 지니지 않으며, 이 메시지 속에서 그것은 언표된 주체로서 모습을 드러낸다. 그러나 언표된 주체로서 그것은 언술 행위의 주체를 의미하지 않으며, 절대로 그 주체를 의미하지 않고 그것을 지시한다.[48)] 내가 주체적 입장에서 "나je"라고 말할 때, 이 "나"는 목적격 대상이 되는 '나me'를 의미하지 않는다.

　이처럼 라캉의 텍스트 속에서—첫번째 명부에서—언술 행위의 주체로 등장하는 주체는 결국 틀림없이 이 다른 주체를 가리킨다. 언표의 주체와 언술 행위의 주체 사이로 분리됨 속에 위치하는 이 다른 주체는 하나의 순수한 시니피앙으로, 혹은 하나의 시니피앙이 "대리하는" 것이자 참조가 아닌 하나의 "표상"의 주체로 세우고 부과한다.

---

46) "Position de l'inconscient," *E.*, 835.

47) *E.*, 535: 이것에 대해 우리가 인용하는 야콥슨 텍스트에 대한 참고문을 보라. 라캉은 대부분의 경우 이 '전환사'라는 단어를 번역하려고 하지 않는데, 이러한 해결책은 이 용어의 "고유한" 가치는 물론이거니와 라캉이 그것에 의도한 용법에 아마 적합해 보인다는 사실을 주목해야 한다. 이 해결책은 결국 "야콥슨의 프랑스 번역자가 '전환사'(주지하듯 이 단어는 "연동장치"로 번역한다)를 관계적 변화라는 뜻에서 클러치 연동장치의 뜻으로 변하게 만들었던 자동차와 연관된 이상한 환유"를 제거했기 때문이다. 미끄러짐과 옮기기를 뜻하는 이 용어는 여기서는 붙잡음과 정박을 의미하는 내포를 지닌다"(P. Kuentz, "Parole/discours," *Langue française*, n° 15, 1972년 9월, p. 27).

48) "Subversion du sujet," *E.*, 800.

시니피앙 속에서 주체 개념의 이러한 해체와 재건설을 완성시켜주는 것을 라캉에게 첨부하도록 하자. 그것은 놀이 이론의 주체로서 이 주체를 확인하는 것이다. 다시 말해 결국 모든 주체적인 동일성에 대립하여 순수한 장소와 계산의 순수한 축으로 이해하는 주체이다.

"놀이, 좀더 잘 말하자면 전략에 관한 이론이 그것에 대한 하나의 예이다. 여기에서 기표적 결합이라는 하나의 자궁의 형식으로 엄격히 환원되는 그러한 주체에 대해 전적으로 계산 가능한 특징을 사람들은 이용한다.[49]

그런데 (만약 그렇게 말할 수 있다면) 전략적인 이 주체는 다름 아닌 대타자 자체이다. "이 대타자는 놀이에 관한 근대적인 전략의 순수한 주체에 다름 아니다."[50] 혹은 "순수한 시니피앙 주체의 선행적인 장소,"[51] 다시 말해 이 주체는 "(-1)" "이다." 이것에 대해 그 주체는 "그런 식으로는 발화할 수 없다"는 것을 기억할 것이다.

그러므로 라캉의 주체는 시니피앙 속에서 시니피앙을 통해 구성된다. 텍스트의 첫번째 페이지에서 상기한 것처럼 그 자신의 "고유한" 이름을 통해 주체의 선등록이 반복되고 이론화된다. 문자의 이론은 주체의 이론에 잘 들어맞는다. 주체 속으로의 진입은 이제부터는 시니피앙 속으로의 진입이 될 수 있다. 반면에 시니피에 주체는 자신의 밖으로 미끄러지고, 그것의 이론은 이제 문자의 이론에 잘 들어맞는다. 이처럼 다시 한 번 더 우리는 시니피앙으로 인도된다. 주체의 '구두점 찍기'—그러므로 "의미작용" 자체의 구두점 찍기—혹은 그것이 구두점을 찍는 한

---

49) "La science et la vérité," *E.*, 860.
50) "Subversion du sujet," *E.*, 806.
51) 같은 글, *E.*, 807.

에서 의미작용도 역시 "신화적"이다. 그리고 라캉적 주체는 말하려고 하는 의지를 지닌 실체적 주체를 배제한다.

적어도 다음 사실을 즉시 첨부해야 하는데 그 주체는 심리학적, 실존적 혹은 인류학적 주체로서는 배제된다. 왜냐하면 우리가 이미 의심해볼 수 있듯이 이 모든 것에도 불구하고 "주체"라는 이 '이름'의 유지를 통해, 그리고 그러한 주체 이론의 신속한 연결을 통해 유지할 수 있는 것이 도대체 무엇인지에 대해 질문할 필요가 있기 때문이다.[52]

그런데 이 질문을 던지기 위해서는 의미작용의 기능 자체에 관해 이 이론이 지시하는 것이 무엇인지 더 충분하게 설명할 필요가 있다.

그러므로 우리 텍스트를 다시 보자. 주체가 우리를 "고유한 기표적 기능"으로 이끈다는 그 단락 말이다. 이 기능은 주체가 연결하는 기능, 즉 "또 다른 시니피앙을 위해 하나의 시니피앙이 대리함" 혹은 유일한 시니피앙 안에서 이루어지는 의미화의 역설적 작용이다. 주체의 진정한 기능은 이처럼 내포의 두 가지 요소 속에서 분석되는 환유와 은유이다.

〔지금까지 유지한 우리 관점에서 보면—그리고 이 텍스트의 첫번째 관점에서 보면—이 두 비유법은 더 엄밀하게는 시니피앙 놀이('나'의 자리에 놓인 '놀이')[53]를 연결하기 위해서만 개입한다. 이 시니피앙 놀이의 본질적인 규칙들은 이미 모두 발언했다.

그런데 또 다른 관점에서 보면—다시 말해 우리가 프로이트 이론에 시니피앙의 논리를 접목하는 것으로 명명했던 그러한 관점에서 보면— 환유와 은유는 다시 한 번 읽을 것을 요구한다. 그것은 바로 환유와 은

---

52) 주체의 어떤 '유지'(보존과 행동)가 독해의 또 다른 순환을 끌어들인다. 뒤에 오는 118쪽을 참조하라.
53) (옮긴이) 프랑스어의 '나je'와 '놀이jeu'는 발음이 같은데, 이것을 이용해 주체를 지시하는 말인 '나'는 언어유희라는 것을 암시하는 말장난이다.

유에서 시니피앙의 논리가 욕망의 논리로 드러나기 때문이며, 게다가
문제가 되고 있는 이러한 접목, 그러니까 시니피앙 논리와 프로이트 이
론의 접목으로 이 전의법(환유와 은유)이 우리를 직접적으로 인도할 것
이기 때문이다. 이 전의법은 문자의 엄밀한 이론을 완수하고 종결하는
것처럼 보이며, 이 전의법이 궁극적으로 문자의 이론을 새로운 체제 속
으로 전적으로 끌고 가는 것처럼 보인다.]

이 두 전의법에 대한 라캉의 설명에서 우리는 다음과 같은 것을 주목
할 수 있다. 하나는 우리가 한편으로는 고전적인 수사학의 분류와 두 가
지 "언어의 측면"에 대한 야콥슨의 분석 사이의 어떠한 혼용처럼 지시할
수 있는 것이다. 또 한편으로는 라캉의 담론 속에서 환유와 은유의 용어
라는 '형상적' 용법으로 지시할 수 있는 것이다. 그런데 결국 둘 중 어느
하나도 여기서 엄격하거나 심지어 손쉽게 분간할 수 있는 엄격한 수사학
용법 속에서는 지탱되지 않는다는 것을 알게 될 것이다.

먼저 '환유'는 "서른 개의 돛대"라는 유명한 패러다임을 통해 도입된
다. 이 표현은 퐁타니에가 부분에 대한 제유법으로 분류하였으며, 그러
므로 환유를 넘어선다. 그런데 라캉이 환유라는 이름으로 겨냥하는 것
은 야콥슨이 이 수사법을 통해 보여준 계열, 즉 언어적인 '조합'이라는
용어들의 계열이다. 그것은 계속되는 단위의 결합으로, 현재로서는 관
계들의 맥락으로, 인접성이 우월하다는 명목으로 이해한 담론이다. 이
렇게 이해한 환유는 연사의 수사법 혹은 연결의 문식으로 우리가 부를
수 있는 것이다.

"서른 개의 돛대"라는 "반복된"(*E.*, 505) 예를 봤을 때 이 수사법 자
체는 라캉이 그것의 정의를 그 안에 집어넣은 장난스러운 단어의 놀이에
따르면 "배"로 읽을 수 있다. 형상에 대한 묘사 속에서 상당히 교활하고
비틀린 이러한 종류의 수사법은 다음의 사실을 분명히 하는 데 사용된

다. 앞서 말한 환유 속에서 "사물"은 "실제처럼 취해져서는" 안 된다. 왜냐하면 일상적으로 범선은 하나 이상의 돛을 가지고 있기 때문이다. "배"는 그러므로 환유적 순환의 시니피에가 아니다. 그것은 이러한 순환 자체, 다시 말해 "배"라는 시니피앙을 "돛대"라는 시니피앙에 연결하는 것, 라캉의 말대로라면 "단어에서 단어로" 순회하는 것이다.

이 정식은 그것이 결국 순응하는 다음과 같은 언어학의 용어로 다시 기록된다는 것을 주목할 수 있다. 이 수식을 생산하는 것은 기호의 결합이지 지시대상의 결합이 아니다. 범선 돛대 장치의 실제 모습은 확실히 이런 형상과 거리가 있다.[54] 그러나 시니피에를 이 지시대상 속으로 흡수하고 그것과 벌어지게 하면서 라캉은 형상으로부터 실제에 대한 '의미'를 제거하려고 했다. "단어에서 단어로mot à mot" 그것은 그것의 의미를 잡기 이전에(혹은 잡지 않은 채) 문장의 은밀한 단위들의 철자를 발음하는 것이다. 그것은 단어에서 단어로 번역하는 것이고, 그것에 대해 우리가 아는 것은 번역이 의미를 만드는 것도 아니고, 설사 만든다 해도 아주 조금의 의미만을 만든다는 것이다. 그리고 마찬가지로 "단어와 단어를mot pour mot"도 '문자성'의 정식이다. 역설적으로 형상에 부여해야만 하는 것은 바로 이 문자성이다. 이것이 바로 라캉이 「치료의 방향」에서 말한 "거의 의미 없음peu de sens"으로 다음과 같이 표현했다.

"내가 가르친 것처럼 환유란 어떠한 의미화도 지시하지 않는 전혀 의미 없음을 가능하게 만드는 이 효과이다. 이곳에서 그것들의 가장 공통적인 분모, 즉 거의 의미 없음이 생산된다."[55]

환유는 그러므로 의미를 '안전하게' 보존하는 장식 혹은 방식의 수식

---

54) 호메로스의 시대에는 그리고 또한 퀸틸리아누스의 시대에는 대개 통상적으로 범선에는 돛대가 하나밖에 없었다……
55) *E.*, 622.

이 아니다. 환유는 그것에 따라 의미가 빈곤하게 되고 담론의 문자 속에서 고갈되는 축 혹은 순환인 연결구이다.

환유는 그러므로 또한 우리가 기억하듯 라캉이 소쉬르의 선형성에 부여한 이 순환의 현실화 혹은 이 타격의 현실화이기도 하다. 연결구의 선형성은 아마도 라캉이 검토한 것처럼 시니피앙의 자율화에 가장 많이 저항하는 것이다. 바로 그 이유 때문에 환유는 여기서 연결구를 쪼개고, 각각이 또 다른 시니피앙을 지시하는 고립된 시니피앙으로 분산시키는 일종의 순환이다. 이러한 작용은 앞으로 보겠지만 라캉이 그것에 부과한 아주 넓은 의미에서 다시 말해 계열적인 전의법의 의미에서 보면 단지 은유일 뿐인 하나의 전의법에 따른다(더구나 라캉 자신이 몇 년 전, 다시 말해 「정신분석에서 언어와 말의 기능과 장」에서 또 다른 수사학 용어의 목록을 "통사론적 전치"로 분류하면서 환유와 은유를 "의미론적 압축"으로 함께 분류했다[56]는 것을 강조할 수 있다. 만약 「문자의 심급」에서 통사론적인 것과 의미론적인 것이 분리되기보다 더 자주 혼동된다면, 아마도 거기에서 다음과 같은 것을 읽어야 할 것이다. 의미작용을 시니피에의 고갈 혹은 배제로 사유해야 하는 곳의 출발점은 근본적으로는 유일한 '단어의 전유법,' '의미'의 수사법, 혹은 비유적 '의미'이다).

은유에 관해 보자면, 라캉은 키예를 거쳐 위고에게서 예를 빌려온다.

"그의 볏단은 인색하지도 미움을 품지도 않았네……"(*E.*, 506).[57]

만약 여기서 최소한 두 가지 환유 성분을 드러낸다면 엄밀한 의미에서 이 시를 은유의 예로 분류하기는 매우 어려운 것 같다. 이 두 가지 가운

---

56) *E.*, 268.
57) (옮긴이) 이 시는 빅토르 위고가 쓴 『세기의 전설』에 수록된 작품의 일부로 원 제목은 'Booz endormi(잠자는 보아스)'이다

데 하나는 도구적 원인의 성분이고(보아스를 위한 볏단), 또 하나는 효과의 성분이다(땅에 대한, 혹은 보아스의 경제에 대한 볏단의 효과). 결국 여기서는 특히 살아 있는 것에서 비생명체로 이동하게 만드는 특징이 은유에 대해 유지되는 것 같다. 키예와 라캉은 그러므로 은유라는 용어의 아주 확장된 일상적 용법에 충실하다.[58] 그것은 일반적으로 수사화된 의미의 효과를 지시하는 탁월한 이송 혹은 전유법이다.

이 "은유"는 그러므로 여기서 야콥슨의 다른 계열, 즉 '선택'으로서 언어를 강조하는 용어들의 계열을 겨냥한다. 그것은 동시적인 단위들의 경쟁으로, 부재적인 관계의 토대에서 진행되는 대체로, 동시성이 우월하다는 것으로 정의된 담론이다. 은유는 그러므로 계열적인 전유법 혹은 그것을 통해 메시지가 코드 속에서 그것이 발생하는 패러다임을 끌어내는 교체의 수사법이다.

만약 라캉이 "은유"라는 단어의 잘 알려진 의미를 가지고 문학적인 장르도 수집한다면 확실히 그것이 우연은 아니다. 보통 은유의 특권적인 활용의 장소가 되는 것처럼 보이는 이 장르는 시, 좀더 엄밀하게 말하면 위고와 초현실주의($E.$, 506~508)라는 두 가지 종류에 한정된 시이다. 다시 말해 사람들이 그것의 고유한 용어로 말하는 하나님 말씀의 시— 신성한 말 혹은 일상적 말—도 단어들의 "권력" 혹은 "마술"의 시로 지시할 수 있는 시와 같은 것이다. 이러한 영역의 모든 시적인 것과 이러한 양식의 모든 시적인 활용이 결국 라캉의 텍스트를 도처에서, 즉 그것을 인용한 문학작품의 구절의 고유한 문체 효과 속에서, 마침내는 그것의 이론적 접목 속에서 지탱한다. 우리가 보았듯이 '나무'라는 합창시의 한 단락은 이론적인 혹은 이론적 자격을 갖춘 것 속으로 개입되는 시

---

58) 또한 다음과 같이 말한 퐁타니에를 참고하라. "그 이름이 잘 알려진, 아마 그 자체보다도 더 잘 알려진 '은유'는 라하르페가 주목한 것처럼 스콜라적인 그것의 모든 엄숙함을 잃어버렸다"(*Les figures du discours*, Flammarion, p. 99). 이것을 다시 찾기 위해서는 다음을 참조하라. G. Genette, "La rhétorique restreinte," *Figures III*, Seuil.

라는 특별한 효과를 여기서 다시금 생산하게 될 것이다. 문학에 대한 라 캉의 참고와 양식 혹은 수사법들은 장식이 아니라 라캉 담론의 가장 결정적인 구성에 속한다는 것이 이처럼 드러난다. 이 담론—그것이 은유의 이론적 심급을 규정할 때 동일한 행위를 통해 그의 독자(그의 청취자)에게 "은유의 황홀한 하나의 조직을…… 생산하도록"(*E.*, 507) 권유한다—은 은유라는 시 전체를 관통해서 구성된 담론 자체이다.

은유는 하나의 시니피앙을 또 다른 시니피앙으로 대체하는 놀이 속에서 전개된다. 환유에 대해 사용한 동일한 논리에 따라 라캉은 이 수사법을 의미를 안전하게 보존하는 하나의 공정처럼 소개하려 하지 않는다. 반대로 고유한 의미—아주 특별히 보아스의 예에 나오는 고유한 이름, 즉 그것을 상기해야 한다면 주체에 기입된 시니피앙의 예시적 의미—는 "폐지된다"(*E.*, 508). "폐지된" 것은 아무에게서도 절대로 "다시 솟아나지 않는다"(*E.*, 508). 폐지 자체를 통해서, 즉 그의 자리에 온 형상 속에서 폐지된 것이 돌아오는 하나의 역설만이 발생할 수도 있다. 폐지는 그러므로 "비의미"이고 그것만이 의미를 허용한다.

"은유란 의미가 비의미 속에서 생산되는 엄밀한 지점에 위치한다"(*E.*, 508).

알겠지만 이 비의미를 터무니없는 일이나 언행을 뜻하는 영어 명사 '난센스nonsense'처럼 받아들여서는 안 되고, 오히려 의미의 부정성으로, 즉 그것의 상실 혹은 부재의 순간이자 그것의 변증법이 의미를 연결하는 것으로 받아들여야 한다. 만약 보아스가 예시적이라면 단지 그것은 고유명사로만이 아니고 또한 한 아버지의 이름이라는 자격으로, 다시 말해 "프로이트가 모든 인간의 무의식 속에서 부성적 신비의—혹은 부성성의 의미의—발전을 재구성한 신비한 사건"(*E.*, 508)에 부합하여 '죽임을' 당해야 하는 그런 아버지의 이름으로서 그렇다.

“그의 볏단”에서 아버지라는 보아스의 의미는 그러므로 여기서 모든 ‘의미화’의 부정성을 밝혀준다. 그것은 비의미로부터, 즉 시니피에를 벗어난 순수한 시니피앙 속에서 발생한다. 은유에 대한——다시 말해 의미 단위들의 사슬로서 담론의 전의법 혹은 문식에 대한——라캉의 정식은 “하나의 단어가 다른 단어를 위해”($E.$, 508)이다.

한 단어가 다른 단어를 ‘위해’라는 말은 다른 단어의 ‘자리’에 대신 놓인 한 단어——시니피앙의 대체——를 의미하기도 하고, 마찬가지로 한 단어가 다른 단어를 ‘위하여’ 놓였다는 것을 의미하기도 한다. 일종의 시니피앙 영역의 내적인 목적론인 것이다. 은유적인 이 목적론은 그것을 통해 ‘주체’가 시니피앙 속에서 지속하는 목적론이다. 왜냐하면 우리가 아는 것처럼 이것은 비록 이 목적론이 실체적인 주체, 의미의 주인이 될 수 있는 그러한 ‘목적’에 절대로 도달하지 않고 계속된다 할지라도 결국 그것은 “하나의 시니피앙이 다른 시니피앙을 ‘위해’ 대리하는 것”이다.

그러므로 은유는 주체의 기능과 단어의 기능을 자기에게 모은다. 은유는 그곳에서 단어의 기능이 주체의 기능을 지배하고, 위상학적인 혹은 기표적인 기이한 문자성의 모습으로 ‘문자화하는’ 장소이다. 단어는 이처럼 그것의 우월한 심급 속에서 부과되는데, 그것은 프로이트가 ‘재담Witz’에 대해 읽을 줄 알았던 그러한 “탁월한 ‘단어’”이다($E.$, 508). “정신에 대해 시니피앙 이외의 다른 후견인을 가지지 않는”($E.$, 508) 단어는 또한 그것의 문자성 자체 속에 있는 문자이기도 하다. 이 ‘단어’는 이처럼 그것을 통해 프로이트가 라캉의 텍스트에 개입하는 최초 동기이면서, 동시에 문자에 관한 이론적 전개의 최종 요소이기도 하다.

이 문자를 여전히 통과시켜야 한다. 제시된 환유가 끝으로 은유의 쪽에 제시하는 것이 바로 “단어가 또 다른 단어를 위해”라는 것인데 이것이 생산되기 위해서는 “단어에서 단어로”라는 순환과 우회를 차용해야만 한다. 마치 정치적인 박해라는 그 관계 속에서 “글을 쓰는 기술”처럼 환유는 시니피앙의 영역에 내재하는 일종의 “노예 상태”($E.$, 508)를 보여준다. 의미가 발생하기 위해서는 환유 자체가——이 노예 상태의——
계략이어야 한다.

　문자는 무엇의 노예인가? '진리'라고 라캉은 우리에게 말한다. 그러나
이 진리에 대한 언술 행위——모든 비유적인 놀이가 이것으로부터 정돈
되고, 주체가 관계하는 진리의 이론을 포함한 모든 주체의 이론이 그것
과 더불어 정돈된다——는 문자에 대한 모든 논리를 담론의 새로운 연결
속으로 끌고 간다. 왜냐하면 라캉이 이 진리를 '프로이트의 진리'(*E.*,
509)라고 명했기 때문이다.

제2부

시니피앙의 전략

우리는 1장에서 '문자의 과학'을 "프로이트의 진리"에 연결하면서 완
성하는 지점까지 독해를 했다(우리가 그 해석을 시도했다). 다시 말해 이
텍스트의 진리에 대해 의심했다. 다시 한 번 읽어보자.

"그런데 프로이트의 진리를 되찾기 위해 문자의 길을 따르면서 우리는
어떤 순간부터 그의 불이 도처에서 붙는 것을 느끼지 않는가"(*E.*, 509).

지금은 은유를 부각시키지 말자. 그러므로 이것은 연결의 순간이다.
이것은 엄격하고 고전적인 연결—결국 텍스트의 개시부터 제목(정신분
석학에 관계된 경험이 무의식 속에서 발견하는 것은 언어의 모든 구조이
다……라는 사실을 우리 제목은 암시한다) 자체가 이끌고, 준비하며 이
마지막 쪽 내내 통제한 미끄러짐을 통해 점진적이고 정성스럽게 인도한
연결이다. 그곳에서 문자에 대한 전유법의 일반적인 요약 가운데 프로
이트의 이름이 들려오기 시작하고, 그것과 더불어 '재담,' 검열, 욕
망…… 같은 정신분석학의 몇 가지 개념이 언어학 혹은 수사학적 용어

의 대용물처럼 자리 잡기 시작한다.

아마 이 구절을 암시적인 방법으로 작성했을 것이고, 여기서는 단순히 프로이트에게 낯선 문자에 대해서는 아무것도 말하지 않았다는 것만을 지적하는 것(과도기를 만들기 위해 원점으로 돌아오는 방식으로 말이다)이 중요하다. 그렇지만 적어도 어떤 지점까지는 여기서 엄밀한(뒤틀렸지만 엄밀한) 논리가 작용하고 있으며, 그것으로부터 비록 간단하게나마 운동을 재구성해야 한다.

그러므로 언어학과 정신분석학을 함께 연결하는 것이 관건이다. 게다가 아주 엄밀히 말해 우리가 '문자의 과학'이라고 부를 수 있었던 것을 만드는 것은 바로 이 연결 자체이다. 그런데 어떻게 이 연결을 만들 수 있는가? 더 엄밀하게는 이 연결이 어디서 발생하는가? 그것은 '욕망'이 연루되는 한에서 '문자와 진리' 사이의 어떤 관계 속에서 발생한다고 텍스트는 답한다. 바로 이런 이유 때문에 강조점이 결국에는 환유(곧 보겠지만 이것은 욕망의 수사법이다)로 이동한다. 환유는 결국 검열과 관계가 있기 때문이다. 환유는 일반적으로 "사회적인 검열의 방해물을 우회하는 힘"(*E.*, 508)을 부여하는 특권적인 도구이기도 하다. 달리 말하면 금지된 어떤 진리를 "단어에서 단어로"라는 장 속에 등록할 수 있다. 그런데 모든 어려움은 여기에서 결국 이 단순한 관계를 뒤집어야만 하는 것에서 기인한다. 우리가 검열하는 것은 진리가 아니다. 오히려 반대로 진리가 검열을 한다. 그것이 검열을 창설하고, 검열하는 것을 강제한다. 더구나 이것이 글을 쓰는 예술로서 환유가 왜 예속적인가 하는 이유이다. "그 억압 속에서 진리에 자신의 장을 주는 이 형상은 그 자신의 현존에 내재한 어떤 노예성을 보여주지 않는가? 라고 라캉은 말한다"(*E.*, 508). 여기서 글쓰기의 모델이 다시 나타나고, 그것이 글쓰기와 박해의 '동일 본성'(*E.*, 509)에 대한 요청 가운데 다시 나타난다는 것이 중요하다고 할 수 있다. 만약 제대로 이해한다면 마치 환유가 진리에 가혹한 지배를 실행하는 기회를 제공하는 것처럼 글쓰기는 박해를 좋아한다. 라캉은 "욕망에 대한 진리의"(*E.*, 509) "효과"라고 갑작스럽게 말한다.

이 모든 것을 납득하기 위해서는 진리를 다음처럼(그토록 감춰지고, 접근 불가능하며, 금지된—그리고 그것의 사라짐 속에서 강력한 것으로) 가정해야 한다. 즉 진리는 주어지지 않을 뿐 아니라 또한 스스로 거절하면서 자신의 거절 자체의 등록을 강제한다는 것이다. 그러므로 여기서 욕망과 진리의 관계 속에서 진리에 관한 모든 이론을 재구성해야만 할 것이다. 이 이론을 통해 우리는 욕망이란 그것이 이렇게 접근 불가능한 진리에 의해 엄밀하게 강제되는 한에서 반드시 환유화된 연속성을 차용해야만 하고, 무한히 연기되거나 혹은 자신의 "목적"을 무한히 지연해야만 한다는 것을 이해할 수 있을 것이다. 검열이라는 동일한 "모델"에 대한 프로이트의 활용이 가져온 간격에 대해서도 '마찬가지로' 정확히 평가해야만 한다.

그런데 바로 그것이 부족하다.

마지막 단락 전에 문자와 진리의 관계라는 이러한 동기에 호소하는 부분이 분명 있을 것이다. 라캉은 다음과 같은—"확실히 문자가 죽인다……"—여전히 암시적인 격언이라는 간접적 우회로를 통해서 "죽음의 심급을 물질화하는"[1] 문자 속에서 욕망의 진리를 엄밀하게 되찾는다. 여기서 욕망은 곧이어 읽을 수 있는 것처럼 "죽음의 욕망"(*E.*, 518)이다. 그리고 만약 격언이 강제하듯 이 문자에 의한 죽음을 정신적 삶에 대립시킨다면, 그것은 소쉬르에 기초하여 구성된 것처럼 우리가 본 의미작용의 법칙에 대한 언술을 단순히 다시 이해하게 만들기 위해서이다. 하지만 이번에는 프로이트의 "발견"이라는 원 뜻으로 이해하도록 하기 위해서 그런 것이다. "만약 정신이 세계에 간섭할 만한 최소한의 것이 필요 없도록 문자가 인간 속에서 진리의 모든 효과를 생산한다는 것을 증명하지 못한다면 정신의 주장들은 완강한 것으로 남을 것이다. 이러

---

1) 「「도둑맞은 편지」에 대한 세미나」를 보라(*E.*, 24).

한 폭로는 다른 이가 아니라 프로이트가 했으며, 프로이트는 자신의 발견을 무의식이라고 불렀다"(*E.*, 509).

그러므로 연결이 부족하다.

'욕망'(연결이 결합해야 하는 곳이 결국 이것이다)이라는 말을 발음하자마자 진리가 아주 절박한 것으로 되고, 찾아야 하는 감춰진 대상이 너무 가까워 '우리를 달아오르게 하는' 것이 확실히 우연은 아니다. 그것은 마치 사람들이 '물건 감추기'라고 부르는 놀이에서 말하는 것 같다. 이제는 은유를 당연히 드러내야 한다. 왜냐하면 그것의 '폭로'가 절박한 이 진리는 문자를 '도장 찍는' 것일 뿐 아니라, 우리를 불태우는 이 불이 갑작스럽게 작열하고 "도처에 번지기" 때문이다. 폭로가 불의 문자로 등록된다는 것은 잘 알려져 있다. 혹은 최소한 드러나는 그것이 바로 불이다. 그런데 이 불이 태우고 여기서 황폐하게 만드는 것은 다른 무엇이 아니라 결국은 연결 자체이다. 소쉬르와 프로이트를 체계적으로 접목하는 대신 그것은 불태우고, 그 결과 이렇게 구성된 문자의 과학에 대해 오직 타고 남은 재만을 읽어야 한다는 사실을 우리는 감수해야 한다.
결과적으로 이 화재의 효과가 어떤 것이든 하나는 확실하다. 여기에 개입하는 텍스트상의 분열이 너무 자명하고 깊어서 그것이 이제는 실질적으로 해설이나 단순한 해독을 금지할 정도이다. 그러므로 우리가 애초에 그것을 통해 이 새로운 발달을 도입한 정식을 교정해야 한다. 그리고 우리가 이 첫번째 장에서 문자의 과학이 프로이트가 말하는 진리 속에 다시 등록될 지점까지 해설을 끌고 갔다고 말해서는 안 된다. 오히려 다음처럼 말해야 한다. 그 전체 속에서 취해진 텍스트에 대해, "연결"(이제부터는 인용부호로 강조하자)을 창조하는 진리처럼 스스로를 감추면서 갑자기 연결이 드러나는 그 지점을 넘어 해설을 '유지하는 것'은 불가능하다. 이 연결은 연결의 기능을 수행하는 데 무능하다는 것이 드러났기 때문에 더 이상 해설에 지배당하지 않는다. 한편으로 이 연결은 (그러므로 담론의 구조물보다 더 복잡한 하나의 구조물을 만들면서) 해설의 원천들을 초과하거나, 아니면 전통적으로 해설이 의존하게 마련인 모든 구조물을 파괴한다. 그러므로 우리는 '담론'을 소진하기 위해 잘 준비된 불이 집중되는 이 구조물의 극단적 경계까지 해설을 밀고 나갔다. 이 한계를 넘으려고 시도하는 것, 단순히 초월하려는 몸짓을 해 보이는 것 자체가 결과적으로 즉시 해설을 불사르는 것이다. 해설이 소멸되었다고 말하는 것은 또한 언어의 어떤 용법 속에서는 해설을 정보의 지시자 혹은 정보의 작인으로 말한다는 의미로 이해할 수 있다.

그런데 여기서 적어도 텍스트의 일반적인 구조 속에 도입된 전복을 지시할 수 있을까? 만약 우리가 편의상 '연결'〔혹은 (비)연결〕이라고 부르는 것의 목적이 언어학과 정신분석학을 한 덩어리로 합치게 하는 것이라면, 도대체 이러한 연결이 작동할 수 없도록 하는 것은 무엇일까? 애초부터 프로이트와 소쉬르 사이에 확립될 수 있는 것처럼 보이는 관계는 오히려 단순하다. 아마도 언어학 속에서 프로이트의 발견을 읽어내는 것으로 족하다. 이제부터 연결은 결론적으로—나중에 그 가능성을 생산하기 위해—어떤 것을 이러한 기획("내가 이미 말했듯이 그것은 프로이트와 관계된다")의 'telos'(목적)처럼 상기할 수 있을 뿐이다. 만약 이러한 종류의 일이 전혀 발생하지 않고, 혹은 최소한 어떤 것이 이 운동을 복잡하게 하고 이 이행을 가로막는다면, 그것은 사태가 그렇게 단순하지 않기 때문이다.

왜 그런가? 최소한의 이유를 들자면 이 첫번째 장 전체에 걸쳐 우리가 라캉 자신에게 허용하면서[2] 명명할 수 있다고 믿었던 것, 즉 언어학상의 '전환détournement'이 계속해서 발생하기 때문이다. 그런데 어떤 것도 이런 전환을 결국 허용하지 않으며, 다만 프로이트에 대한 어떤 활

---

2) *E.*, 821 참조.

용, 그 기능을 교란하기 위해 정신분석에서 유래하는 모든 개념상의 장치를 소쉬르의 언어학 속으로 다소간 명백하게 투영하는 이러한 방식은 제외한다. 아마 이러한 관점에서 정신분석이 개입하는 장소를 아주 엄밀하게 그곳에서 찾기 위해 이 텍스트를 '다시 읽어야' 할 것이다. 두번째 불가결한 독해가 필요한데, 그것은 대수학의 도입부부터 소쉬르의 권위 아래 상황을 그 시초에서 재검토하도록 강제하는 독해이다. 대수학은 우리가 알고 있듯 억압을 상징하는 횡선처럼 인정할 수 있는 저항의 막대 위에 전적으로 구축된 것이다.

그런데 이 두번째 독해는 이러한 불가피한 지점으로 향하게 된다. 그것은 라캉 자신도 여기서 회피할 수 없었고, 텍스트의 두번째 부분(「문자의 심급」)이 정확히 프로이트 텍스트에 대한 "언어학에 연관된" 독해로 열리는 지점이다. 언어학에 연관된 독해란 적어도 어떤 시간 동안은 프로이트식 독해를 단어 대 단어로 반복하는 것을 말한다. 그런데 또한 언어학에 대한 프로이트식 독해는 언어학의 조건이다. 표현할 수 없는 한계를 가진 이 관계가 비록 그것이 분석되는 것을 전적으로 거절하지는 않지만 저항을 한다. 이것이 왜 연결이 발생하지 않는지, 그 이유를 설명한다. 소쉬르를 통해 프로이트를 읽어야 하고, 소쉬르 자체는 프로이트를 통해 읽어야 하는 것은 도대체 어떠한 논리 속에서 연결되는가? 그것은 어떤 변증법적인 것—변증법 자체—에 환원되는가? 해석학적 순환의 용어로 그것을 말할 수 있을까? 비록 이러저러한 방식으로 어떻든 그것을 시도해볼 수도 있겠지만, 바로 라캉이 피하고자 하는 것이 그것이다. 또한 그것은 더 엄밀하게는 텍스트가 읽는 것으로 주어지지 않고 타버린다는 것이다. 이 불의 기원이 무엇이든 상관없이 말이다.

그러므로 텍스트상의 "우연성" 속에서 분명해지는 어떤 순환이 있는데, 이 순환이 문자의 담론에 영향을 미치고 이 담론을 이러한 낯선 반복에 강요한다. 우리가 곧 보겠지만 이 반복은 또한 그 자체가 '적어도' 한 번은 반복되기 마련이다. 왜냐하면 연결의 결여 속에서(혹은 연결상

의 결여 속에서) 빠져 있는 것, 연결이 결국 '목적'의 '모사품simulacre'만
을 생산하게 하는 것, 그것은 기초, 기원, 하나의 '아르케'이다. 소쉬르
혹은 프로이트, 누구의 기원에서 '시작하는가'? 이 기원의 부재, 그것
이 역설적으로 이끄는 운동을 우리는 다시 검토할 것이다. 지금으로서
는 만약 그 운동이 텍스트의 흐름에 영향을 미친다면, 같은 충격으로 그
것이 해설을 교란한다는 것을 강조하는 데 만족하자.
　그 이중성 속에서 우리가 이제 '전략stratégie'이라고 부르려고 하는
것이 바로 이 운동이다. 그리고 우리는 그것을 설명하면서 시작하려고
한다.

1. 전략

이 단어를 정의하기 전에——우리가 살펴보겠지만 많은 의미들이 여기
에 함축되어 있는 만큼——결국 그것이 지시하는 운동의 이중성을 강조
해야 한다. 그러므로 전략에 대해 말하면서 우리는 다음 두 가지를 겨냥
한다. 한편으로는 라캉의 전략인 전략, 또 한편으로는 아마 더 복잡한
양상으로 라캉의 텍스트에 대한 어떤 전략인 전략이 그것이다. 말하자
면 '독해'에 대한 전략인데, 왜냐하면 우리는 해설을 포기해야만 하기
때문이다. 그것은 여기에서 전쟁을 하자는 것도 아니고, 더구나 (처음부
터 우리 연구를 지배하는 또 다른 은유와 연관된 자료를 활용하자면) 텍스
트에 대해 교활한 꼼수를 부리자는 것도 아니다. 그러므로 '전략'은 이
제 오히려 라캉 텍스트의 가장자리에 등록되기를 원하는 그러한 것으로
부터 강요되는 표현을 지시한다.

그렇기 때문에 대체로 여기서 의미의 복수성이 문제라기보다는 어떤
활용, 혹은 더 엄밀히 말해 다양하게 활용할 수 있는 전략이 더 중요하
다. 그리고 이러한 사태로부터 만약 의미의 복수성이 의미에 관계되기
때문에 언제나 '중심화'되는 것처럼 나타난다면, 거의 기회를 갖지 못하

는 활용의 복수성은 틀림없이 상대적으로 분산된 채로 남을 것이다.

그러나 "의미"를 통해 시작해야 한다.

일단 우리가 알고 있듯이—더구나 우리는 그것을 강조할 기회도 가졌다—전략은 라캉의 체계성을 이루는 핵심 조각의 하나이다. 이 단어 자체는 그러므로 부재하지 않는다. 그리고 라캉이 그 단어를 활용한다면, 주관적이지 않은 주체의 가능한 지위를 지시하기 위한 놀이 이론의 동의어로서 그렇게 하는 것이다. 주관적이지 않은 주체라는 것은 복수이고, 결합되며 (의식이 없는) 자기 자신에 대해서, 그리고 (주체는 불확실한 계산으로 환원되기 때문에) 규정된 장소에 현존하지 않는 주체를 말한다.

그런데 이러한 뜻으로 단어의 의미를 활용한다면 이 단어로 하여금 적절하지 않은 다른 것을 지시하게 하는 것이 아마도 불가능하지만은 않을 것이다. 무엇보다 예를 들어 우리가—실제로 이 책 1장의 유일한 예에 근거하여—라캉의 "체계"라고 부를 수 있었던 것의 구성 양식이 그것이다. 우리가 살펴본 것처럼 라캉의 체계는 고전적 수사학, 야콥슨의 언어학, 후기 상징주의 시 혹은 초현실주의 등 이 모든 것에 의해 구비되고 만들어진 기표적인 전유법의 구성 속에서 두드러지게 볼 수 있는 차용으로 만들어진 체계, 오히려 차용의 체계이다. 전략은 그러므로 여기서 하나의 기술 혹은—그것의 고유한 구성의 법칙을 건축의 법칙처럼 제시하지 않는—체계화라는 하나의 "예술"처럼 이해해야 한다. 결국 구성적으로 만들어진 하나의 체계—다시 말해 용어의 고전적이고 절대적인 의미에서의 '체계'—가 있기 위해서는 반드시 체계가 개념의 위치를 통해 구성되는 것처럼 주어져야 한다. 만약 이 개념들이 전적으로 체계 속에서 생산되지 않는다면 적어도 그 체계의 법칙으로서 규칙들을 제시하는데, 이 규칙들에 따르면 개념들은 자신이 그것에 비추어 다시 수정된 다른 체계들에서 차용한 것이다. 이러한 체계화 기술이 단지 하나의 순수한 이론적 이상이라고 가정한다면, 최소한 라캉 담론은 이 이상에 대한 참조를 통해서는 정의되지 않았다는 사실을 확인해야 한다. 게다가 라캉 담론은 일반적으로는 스스로 정의해야 하는 것처럼 제시되지 않는다. 이 담론은 오히려 그것이 어떤 것이든 늘 끌고 오기 마련인 모든 어려움을 가진 하나의 정의를 슬쩍 피하려고 한다. 더구나 이것이 다른 종류의 체계에 속하는 것으로 이미 제시한 것이며, 이 체계는 구축되기보다는 오히려 '조합된다combiné.' 그러므로 만약 '전략'이 결국 '조합'을 포함해야 한다면, 그것은 본질적으로 두 가지를 지시할 것이다. 하나는 총체적인 전환의 과정이며, 또 하나는 이러한 과정(그러므로 그것으로부터 전환이 존재하는 복수의 영역이나 지역)의 복수성을 유지하는 것이다.

그런데 이 '전환의 전략stratégie du détournement'을 현대 인식론이 '개념의 도입importation du concept'으로 지시했던 것과 다르게 정의하는 것이 가능할 것이다. 도입이 정돈된 방식으로 새로운 체계의 놀이 속에 들어가게 하기 위해 하나의 단위나 혹은 개념적인 항을 빌려온다면, 반대로 전환은 하나의 개념을 다른 목적에 사용하기 위해 그것을 '일하게' 하지 않고 그 자체로만 가져오기 때문이다. 정의상 전환은 '순수하지 않을' 것이다. 이러한 불순함은 더구나 도입 자체를 흉내 내거나 전환하는 지점까지 진행할 수 있다.

다시 말해—편리한 구별을 활용하자면—도입이 외연에서 외연으로 (그리고 이행 자체를 외연을 통해 제시할 수 있게) 진행한다면, 전환은 '암시적인 미끄러짐'이라고 할 수 있다. 이것이 사소한 것은 아닐 것이다. 그리고 여하튼 이러한 것에 의해 전환 속에서 차용의 영역이 새로운 시스템의 지평으로부터 사라지지 않는다는 사실을 설명할 수 있게 된다. 바로 이것이 이 지평이 새로운 이론적 영역처럼 단번에 제시되는 대신에 말하자면 중재적인 공간에, 영역들의 교차점 속에, 혹은 영역들 사이의 영구한 순환 속에 자리를 잡는 이유이다. 전환된 개념들은 이같이 복수의 지시라는 무게를 유지한다.

그런데 전략이라는 생각은 또한 언제나 목표화된 혹은 "계산적인" 작용이라는 생각을 함축한다. 더구나 어떤 명목으로 이러한 생각을 고려하지 않아도 되는지 이해하기 힘들다. 결국 라캉이 '관심을 갖는' 것은 ─이 단어의 강한 의미에서─ 실천적으로, 그리고 이론적으로 정신분석의 평판을 훼손하며 약화하고 "단절적인" 그것의 힘을 박탈하거나 혹은 날을 무디게 만들었고, 앞으로도 그렇게 할 수 있는 모든 것에서 정신분석학을 빼내오는 것이다. 풀어서 말하자면 무엇보다 자아의 사회 적응과 병합이라는 정신분석학의 (정치적) 기능(그리고 여기서 최소한 정치적 목표는 분명하다)의 위험이 너무 절박하고 지속적이기 때문에 중단 없는 이론적 투쟁을 강요한다. 이 투쟁은 고전적인 심리학, 인류학, 게다가 후설의 현상학과 다소간 감정적인 그것의 파생물 속에서 작용하는 "주관주의subjectivisme"라는 철학의 모든 형태에 대항한 것이다.

라캉이 '형성의 효과'라고 부른(서문에서부터 그랬다는 것을 상기하자) 것의 탐구가 이로부터 나온다. 이 탐구가 말에 대한 어떤 호소, 말의 고유한 효력과 이른바 그 '설득적' 권력의 어떤 활용을 이끄는 것을 강조할 필요가 있다. 그것은 결국 라캉의 모든 전략을 활성화하며 지배하는 것이고, 라캉 담론의 논증적 흐름에 영향을 미치는 불투명함, 표현법과 단절들을 어떤 지점까지는 정당화해준다. 그것이 부재하는 것 같아 보일 때조차 일종의 '교육적인 선'-텍스트는 이론적 텍스트를 쉬지 않고 연구한다. 특별히 (우리는 이미 그것을 흘끗 보았다) 이 선-텍스트는 프로이트가 연관될 때부터 텍스트 자체의 계속된 분열처럼 '되돌아오는 것'을 멈추지 않는다. 실제로 정신분석학을 어떤 정형술에서 빼내는 것에 관계되는 것은 반대로 그 계획이 그 전체 속에서 자신이 정형술이 되는 것을 금지하지 않는다. 정형술, 달리 말하자면 '반(反)-정형술' 혹은 반(反)-교육은 그것의 비판적인 의지 속에 있는 것을 포함해 적어도 소크라테스

이래 모든 철학의 가장 근본적인 의도와도 관계가 있다. 라캉이 말하는 '형성formation'은 그러므로 '파이데이아' 자체 혹은 (라캉이 이것을 명백하게 요구한)[3] 계몽과 독일 관념론의 '교육Bildung' 속에서 그것을 재수용한 것일 것이다. 다음 사실을 놓치지 말아야 하는데 이론적인 이 두번째 철학적 대용물, 그러니까 계몽주의와 독일관념론이 말하는 교육 대부분은 결국 '의학적' 대용물인 교육 계획 자체에 연결된다. 왜냐하면 형성은 비록 그것이 배타적으로 유일한 실천가들, 다시 말해 '의사들'에게만 예약된 것은 아니지만, 분석에 대한 형성이고 분석가의 형성이기 때문이다. 정신분석이 여기서 일종의 '일반화된' 의학, 모든 'païdeiai' (아동의 놀이, 운동)[4]의 'païdeia'——또한 달리 말하자면 이제는 불가피한 '교육적païdéique' 연속——처럼 나타날 수 있는 것이 이러한 이유 때문이다. 라캉이 말한 것처럼 정신분석가는 스스로 '학자savant' '현자mage' '마법사mège'[5] ($E.$, 521)의 세 가지 기능을 쌓아야 하며, 다른 무엇보다 이 세 가지 기능의 명목으로 대학에, 그리고 대학의 담론, 즉 우리가 읽으려고 노력한 글 속에 자리를 잡을 수 있었다.

아마 여기서 중요한 것은 형성이라는 이 동기(그런데 그것은 오히려 하나의 동기 이상이다[6])가 '거울의' 모델에 따라(여기서 이론은 분석을 실행하면서 반대급부로 이론을 가능하게 하는 분석가를 기르는 것을 겨냥한다),

---

3) 예를 들어 『에크리』에 삽입된 주의사항을 참고하라.

4) (옮긴이) 그리스어 '파이데이아παιδεία'는 교육을 뜻한다.

5) 마법사란 다른 무엇이 아니라——그것을 말해야 하는지?——치료하는 사람이다. 라틴어 medicare 에서 파생된 단어인 고대 프랑스어 mégier는 치료자이다.

6) 비록 이 동기가 사람들이 정치학 속에서 정신분석학, 그리고 정신분석학 속에서 정치학의 역할에 관한 아주 일반적인 정식 아래 제시할 수 있는 질문을 아마도 궁극적으로 내포하기 때문이라 할지라도 말이다. 그러한 질문을 물론 여기서 구상할 수는 없다. 단지 라캉의 전략은 아마도 하나 혹은 또 다른 지점에서 그 질문으로부터 문제의 복잡성을 다루는 것을 허용한다고 말할 수 있을 뿐이다. 그리고 여하튼 이 질문은 정치학이나 정신분석에 대한 참조나 선호가 어떻든지 간에 어떤 단순한 "정신분석의 정치학"으로나 혹은 그보다 덜 단순하지 않은 "정치학의 정신분석학"으로 환원되지 않는다는 것을 말할 수 있을 것이다.

혹은 그만큼 또한 엄격하면서 심원하게 철학적인 '미장아빔mise en abyme,' 즉 심연으로 밀어 넣기의 모델에 따라서 라캉의 전략을 이처럼 제시할 수 있다는 것이다. 라캉의 '스타일'은 불가피하게 이 '미장아빔' 속에 연루되어 있다. 『정신분석과 그 가르침』의 끝에서 "프로이트로 복귀"하는 길은 "우리를 따르는 사람들에게 전달해주어야만 하는 유일한 형성으로 우리가 주장할 수 있는 것이다"라고 말했다. 그러한 형성을 스타일이라고 부른다."[7] 그런데 그것이 우리가 다음과 같이 상기하면서 그 여정을 냉담하게 재구성할 수 있는 그러한 순환에 의존하지 않는다면 왜 스타일인가. 다시 말해 이론이 분석의 주체를 규제하는 개념을 낳고, 이제 이 주체는 자신을 담론의 주체, 달리 말해 라캉 자신의 자리나 혹은 표현을 바꾼다면 분석의 주체들을 형성하는 사람의 자리를 차지할 수 있는 주체처럼 자신을 만들 수 있다고 상기한다면 말이다. 라캉이 말할 때, 누군가 말하고 그에 대해 말하는 것은 이처럼 대타자일 것이다.

물론 이것은 가능한 경로 중 하나일 뿐이다. 전략에 관해 여기서 우리가 진전시킨 것은 빠르고 도식적인 것으로 남았으며, 아마 하나의 텍스트, 예를 들어 적어도 「치료의 방향」 같은 텍스트 1장의 두 항을 아주 세밀하게 읽어야 할 것이다. 그러나 우리는 이 지점에서 우리가 여기까지 따르려고 애썼고, 우리가 읽으려고 선택한 텍스트를 벗어난 학문적 외도를 가능한 한 제한하도록 우리를 강제하는 그 법을 위반하고 싶지는 않다.

우리는 다음과 같은 것을 생각하기 위해 이 텍스트에 대해 이미 충분히 말했다. 즉 그러한 전략에서 벗어나는 것은 바람직하지도 않고 가능하지도 않으며, 그러므로 반드시 텍스트에 대한 '독해'를 전략 자체의 요구와 필요조건에 따라 진행해야 한다. 바로 이러한 이유 때문에 라캉을 '비판하는,' 다시 말해 라캉의 담론에 대한 '담론' 자체의 체계적인

---

7) *E.*, 458.

재판권을 행사해서는 안 된다. 곧 보겠지만 특별히 사람들이 라캉에게 인식론적 엄격함에 대한 어떤 불충실성을 비난하거나 혹은 라캉이 과학적인 언어학에 관해[8] 취하는 자유에 대해 공격하는 것은 배제된다. 우리 독해는 반대로 라캉의 담론이 그것으로부터 구성된 전환과 수정에 복종해야 하고, 그것들을 따르거나 동행하며, 복잡한 기획 의도에 가능한 가깝게 동조해야만 한다. 이것은 (헌신적으로) 라캉이 한 전환이나 수정을 단지 반복해야 한다는 것을 의미하지는 않으며, 오히려 엄밀하게 논리, 다시 말해 전략적인 의도 자체를 탐문해야 한다는 뜻이다. 과학과 철학에 대해 예상되는 초과에 관해 전략적 의도의 "수정된" 효율성을 시험하고 그 효과들을 평가하기 위해서 그런 것이다.

왜냐하면 그것은 명백하게, 이러한 중복의 형태를 끝까지 유지할 수 있을 것이라는 조건에서 라캉 담론을 자기의 고유한 전략에 대한 하나의 전략에 스스로 준비하도록 하는 것이 이러한 종류의 초과라는 확실성이기 때문이고, 게다가 이 확실성은 우리가 믿는 것보다 더 신중하다. 그런데 전략은 그 자체가 담론적이다. 그것은 반드시 담론에 관한 철학적 영역에 속해 있고, 언제나 그러한 영역에 속해왔다. 전쟁은 '철학적'이고, 그것의 파괴적 능력이 어떠하든 언제나 철학적인 것의 한계 내에서 지탱한다. 전쟁은 철학적인 한계를 언제나 유지하기조차 한다. 그러므로 그것이 전략의 전략도 아니고, 또한 전략에 대항하는 것도 아닌 어떤 것을 감수할 수밖에 없을 것이다. 그러므로 다음과 같은 명백한 이유로 우리는 해체를 말할 것이다. 그것이 결국 담론적이고 전략적이면서, 또한 그럼에도 불구하고 항상 전략적인 해체가 그 자신 자체의 초과 속으로 언제나 끌려들어가고, 그 자신에게서 담론적인 것과 전략적인 것을 훼손하는 것을 멈추지 않는다면 말이다. 그러므로 우리는 예고한 것처럼 텍스트를 담론에 대립시킬 것이다.[9] 비록 이러한 구별을 여기저기서

---

8) 프로이트의 '텍스트'에 대해서도 마찬가지이다.

복잡하게 만들고, 혹은 좀더 엄밀하게는 라캉의 작품에서 나타나는 형상에 대해 이 구별을 조정하는 것이 불가피한 것으로 드러난다 할지라도 말이다. 왜냐하면 다음과 같은 것이(이것에 대해 이미 몇 가지를 말한 것처럼) 가능하기 때문이다. 라캉이 인식한 그러한 텍스트는 다른 무엇이 아니라 완벽하고 순환적인 담론 자체이자 이러한 기표적 질서로 '또한' 그 자체가 지금 보듯이 프로이트 작품 속에(라캉이 "텍스트"를 또한 겨냥한다고 고백하는 한에서 라캉에 대해서도 마찬가지이다) 등록되는 기표적 질서, 즉 자신의 로고스에 있는 진리이다. 반면 그 자체가 라캉에게는 (완성되지 않은) 텍스트이기도 한 말은 영구히 교육과 선동과 훈계에 매달려 있고, 진리에 관한 하나의 '지식'을 잡지 못한 채 자극하며, 놀이를 하게 하고 복잡하게 하기에 적합한 "담론"이다. 전략과 우리가 여기서 겨냥하려고 애썼던 것 사이의 차이는 결국은 아마도 '넘침débordement'의 두 가지 형태를 나눈다고 볼 수 있는 틈과 관계가 있다. 라캉식 넘침에 텍스트의(혹은 담론의……) 토대를 세밀하게 초과하는 독해를 대립시켜야 할 것이다.[10] 전자는 담론에 영향을 미치고 담론은 그것을 비연결점까지 따르게 된다. 이 비연결점——조금 전의 "화재"가 그것의 예가

---

9) 여기서 우리는 자크 데리다의 연구물을 전체적으로 참조하였으며, 세부적으로는 『입장들 *Positions*』 속에서 읽을 수 있는 논점들을 참조하였다(*Promesse*, 30/31, 1971년 가을·겨울호; *Positions*, Minuit, 1972에서 재인용).

10) 이 구별 속에 이중의 은유라는 강제성이 작동한다. 여기서 그것을 놓치는 것은 불가능하다. 한쪽에는 불, 태양 빛의 넘침이 있고, 다른 쪽에는 (역으로) 물, 침수——우선은 아마도 침투——가 있다. 그러나 여기서 우리가 더 이상 그것에 대해 말하지 않는 것을 이해할 수 있을 것이다. 왜냐하면 엄격하게 불은 아버지에게(남자에게), 그리고 물은 아마도(그러나 단지 아마도) 어머니에게(여자에게) 연결될 것이기 때문이다. 그러므로 종국에 「남근의 의미」 같은 텍스트를 지배하는 것처럼 보이는 동기와 이 모든 것을 엮어내는 일을 해야 할 것이다. 그런데 이것은 여기서 우리의 의도를 벗어난다.
　"이제껏 절대로 밝혀지지 않은 이 특징의 이유를 동시에 흘끗 볼 수 있는데, 여기서 프로이트 직관의 깊이를 또 한 번 알 수 있다. 다시 말해 프로이트가 오직 하나의 '리비도'만이 있다는 사실을 전개한 이유와 그의 텍스트는 프로이트가 리비도를 남성적 본성으로 이해했다는 것을 보여준다는 것 말이다. 남근 시니피앙의 기능은 여기서 그것의 가장 심원한 관계로 전개된다. 이 관계를 통해 고대인들은 '누스Νοῦς'(마음)와 '로고스Λγός'(이성)를 그곳에서 구체화했다"(*E.*, 695).

될 수 있을 것이다——은 너무 강력하고, 말할 수 있는 '능력을' 위해 말하는 것을 '원하는' 것에 너무 절박해하는 하나의 진리의 견딜 수 없는 침입과 같은 것이다. 텍스트 토대를 읽는 것에 착수하는 독해는 거기에 들어가는 하나의 길에 대한 확실한 그 많은 지표들처럼 여기저기서 텍스트의 흐름을 흔들면서 동요시키러 오는 이 넘침의 순간에 엄밀하게 특권적으로 호소할 것이다.

결과적으로 우리는 바로 이러한 의미에서 이제 전략에 도달한 것이다. 다시 말해 해체에 도달했다. 텍스트의 넘침은 우리에게 해체를 강제한다. 그러므로 아주 정확히 '다시 읽는 것'이 관건이다. 만약 (비)연결 속에서 읽을 수 있는 넘침이 텍스트를 교란한다면, 만약 넘침이 담론적인 구조물에 어떤 동요를 전달한다면, 만약 비록 소량이나마 넘침이 그곳에서 조각들과 부분들을 이동시킨다면, 이제 균열의 자국들을 좇고 도면이나 근본적이고 구조적인 장치를 부각시키는 것이 아니라, 그것에 영향을 주는 간청의 흐름 혹은 계열을 찾아내는 데 노력을 기울여야 한다.

그런데 우리가 보았듯이 이 두번째 독해의 원리가 텍스트의 구조 자체를 이끈다면 그것의 고유한 이유 때문에 그런 것이다. 만약 연결의 결여가 결국 하나의 지표라면, 그것은 결여가 역설적으로 기이한 순환성을 내보이기 때문이다. 이 순환성이란 프로이트와 소쉬르 사이에 자리한 것으로 프로이트에 대해서 소쉬르의 프로이트식 독해 자체를 반복할 것을 강제한다. 그러므로 우리가 이제 따라야 하는 두번째 항해가 있다.

바로 이러한 이유 때문에 전략적인 독해를 '반복'이라는 동기에 의거하여 시작할 것이다.

아마 어떤 식으로는 최소한 그 시초, 즉 그 첫 번째 '순간'에는 아무것도 지금 우리가 시작하려는 작업과 라캉 텍스트의 첫번째 부분에 대해 우리가 이미 시도한 해독 작업을 구별하지 않을 것이다. 그것은 단지 반복을 해독하는 것(혹은 그것을 해설하는 것, 동일한 곳으로 다시 오는 것)

이다. 그러므로 느리다는 것을 제외하고는 동일한 작업인데, 결국 본질적인 것은 벌써 모두 획득되었기 때문이다. 아니 거의 획득되었다.

그런데 실제로 사태가 그렇게 단순하지는 않다. 게다가 반복은 동일한 것의 중복이 아니라는 것을 우리는 잘 안다. 그런데 라캉 텍스트는 바로 이 법칙에 복종한다. 바로 이 이유 때문에 반복은 여기서 실제로는 '단순하지 않다.' 실제로 필연성이 텍스트 속으로 등록되는 그 순간부터 (그리고 이제 우리는 애초부터 혹은 우리가 그것을 알 수 있다면 '텍스트가 시작하기 '이전부터' 이것이──가장 엄격한 그것의 명령처럼──발생한다는 것을 알게 된다), 이렇게 도입된 불균형은 반복이 요동치게 하고, 새로 반복하며, 반복하기를 멈추지 않게 만든다. 비록 임시 방법이긴 하지만 결국은 무한한 공정이자 유일한 힘의 충격이 방해하러 올 수도 있다. 그리고 이것이 텍스트 속에서 (만약 이렇게 말할 수 있다면) 명백히 프로이트에 대한 언어학적─프로이트적 반복의 형태뿐 아니라, 또한 이 반복 자체에 대한 철학적인, 공공연한 철학적인 반복의 형태를 취하게 하는 것이다. 이 반복은 게다가 여기저기서 확인된 모든 철학적 계획이 언어학에 대한 프로이트식 전환의 시도를 하게 만들고, 또한 프로이트와 소쉬르를 연결하는 무한한 교환의 원리, 해결(대체?)처럼 제시하는 것을 시도하는 한에서 반복이다.

그러므로 이러한 조건 속에서 텍스트(「무의식 속에서 문자의 심급, 혹은 프로이트 이후의 이성」)의 두번째 장 전체가 이러한 관계라는 강박관념에 우선적으로 사로잡혀 있다는 것이 놀라운 일이 아니다. 음조의 단호한 양상이 착각을 불러일으켜서는 안 된다. 어떤 권두의 선언도〔무의식이 가장 직접적으로 관계됨에 따라 곳곳에서 경험에 대한 변증법적인 파악과 언어적인 분석이 그 저작 속에서 그것의 비율을 강화하면서, 프로이트의 저작은 셋 중 한 페이지가 철학적 내용을, 둘 중 하나는 논리적 추론임을 보여준다(*E.*, 509)〕 프로이트식 형식화가 언어학적 형식화를 "앞지름"을 주장하는 이러저러한 어떤 제안(*E.*, 512~13)도 결국 질문을 무효화하는 것을 허용하지 않는다. 더구나 우리가 알고 있듯이 질문은 결국은 어쨌든 하나의 대답을 언제나 기다리게 마련이다.[11]

그러므로 어떠한 "해결책"도 없고 오히려 그것을 통해 소쉬르에 대한 독해를 시작하고, 여기서 "꿈의 해석"(우리가 이미 주목했듯이 "꿈의 의미작용"으로 번역되는 것이 우연은 아니다)에 대한 독해, 혹은 적어도 그 책 4장의 독해가 그것을 통해 시작되는 동일한 행위의 반복만이 있다. 실제로 마땅히 그런 것처럼——우리가 기억하는 것처럼——"문자에서 문자"로 취해야 하는데, 『꿈의 해석』에서는 "모든 페이지에서 우리가 담론의 문자라고 부른 것이 문제가 되기"(E., 509) 때문이다. 그리고 프로이트의 문자를 문자에서 취하고, 프로이트를 문자에서 읽어야만 한다——이것이 프로이트 속에서 문자를 (다시) 읽는 것으로 정확하게 되돌아온다. '무의식 속에서 문자(의 심급)'라는 제목이 자기 자신에 대해 말한다.

이러한 (재)독의 원리는 이중적이다. 한편으로 "담론 속에서 시니피앙을 연결하고, 분석하는 이러한 동일한 문자화된(달리 말해 음소화된) 심급을 꿈속에서"(E., 510) 파악하는 것이 관건이기 때문에, 프로이트가 활용하는 모델들 속에서 모든 유사한 상징주의와 구별되는 순수한 시니피앙 놀이라는 본질적 특성들을 인정해야 한다. 다른 한편으로는 좀 더 엄밀하게 "꿈의 작업"의 모든 요소 속에서 문자 자체의 요소 혹은 기능들을 확인하는 것이 관건이다. 두 가지 원리는 그러므로 둘 다 우리가 꿈속에서 의미의 해석을 암호 해독으로 대체해야 하며, 단순한 무언극 혹은 상징적 판화 대신, 하나의 진정한 "글쓰기 체계"(E., 511)를 인정해야 함을 함축한다. 여기서 음소적 모델, 궁극적으로 알파벳 표기법의 이상이 글쓰기라는 개념을 지배한다는 것은 명백하다.[12]

---

11) 여기서 우리는 예를 들어 「라디오포니」(p. 55와 그다음)를 암시할 수 있는데 그 글에서 답변은 다음과 같은 정식만큼이나 논쟁적 방식으로 주어진다. "무의식은 언어학의 조건이다"(p. 58).

12) 이로부터 "(꿈의) 이미지가 갖는 기표적 가치는 의미화와 아무 관련이 없다"라는 것을 강조하기 위해 라캉은 끈질기게 상형문자의 글쓰기(『꿈의 해석』, VI, 프랑스어 번역본, p. 276)

바로 이로부터 프로이트 개념도구의 핵심 부품들에 대한 '문자로의littérale' 전사가 가능하다. 그것의 본질을 다음과 같이 상기해보자.

1. '왜곡Entstellung'(즉 번역에 따르면 '치환transposition' 혹은 '변형déformation')이라는 단어는 시니피앙 밑으로 시니피에가 미끄러짐처럼 "위에서 소쉬르와 더불어 지시된" 그러한 사태를 통해 해석해야 한다.

2. '압축'('응축condensation')은 은유를,[13] '전치Verschiebung'('전환déplacement')는 환유를 의미한다.

3. '제시된 것에 대한 고려*Rücksicht auf Darstellbarkeit*'는 형상 가능성에 대한 고려(이것을 라캉은 장면화의 수단에 대한 고려로 번역했다)로——프로이트에 따르면(*Traumdeutung*, VI, 4) 꿈 내용물의 형상을 가능하게 하기 위한 압축과 전치의 작업이라는 이중의 과정인——이것은 그것이 무엇이든 어떤 이미지로 환원되지만 "글쓰기 체계"에 속하는 조건처럼 읽어야만 한다.

4. 마지막으로 이차 공정은 그것이 의식적 과정에 속한다는 점에서 무시되거나, 혹은 그것이 무의식적 사유에 대한 기표놀이에 병합되는 요소들을 제공한다(그러므로 꿈의 사유Traumgedanke가 바로 문제다)(*E.*, 511~12).

속에서 '한정사déterminatif'의 현존을 프로이트가 활용했다는 것을 드러낸다. 이것은 이른바 "표상문자idéogramme"가 그곳에서 하나의 문자가 되는 글쓰기 속에 우리가 있다는 사태를 알게 하기 위해서" 그런 것이다(*E.*, 510).

13) 압축Verdichtung이 은유에, 그리고 이것을 통해 "시적인 청취"에 연결된다는 것, 그것은 "압축" 속에 제시되어 있는 것으로, 압축은 '시가Dichtung'로부터 생산된다. 리오타르J. F. Lyotard가 『담론과 형상*Discours, figure*』에서 아무것도 유사한 요청을 정당화해주지 않을 것이라고 말했다(꿈 작업은 사유하지 않는다. p. 239와 그다음). 왜냐하면 '압축'에 들어 있는 '꽉 조임Dichtung'——압축, 축약——이라는 단어는 아마 시와 소설에 대해 "말해지는" '시가Dichtung'와는 어떤 의미적 연관성이 없기 때문이다. 그런데 이러한 주목을 하는 것은 '비판적 동기'이며, 이것에 대해 우리가 여기서 고수하는 독해의 거리가 강조될 수 있다. 특히 그것이 프로이트에 대한 라캉의 해석일 때는 아마 지금쯤 명백해진 이유들 때문에 더더욱 그러한데 이것에 대해서는 말하지 않겠다.

프로이트 용어의 번역이 확증되거나 혹은 달리 말해 프로이트가 문자의 과학 자체의 언어를 말한다는 것이 확실해지는 순간부터 『꿈의 해석』의 텍스트 속에서 심리적 무의식이라는 실험적 소설(다시 말해 무의식에 대한 심리학적 소설)을 읽는 것이 불가능해질 뿐 아니라, 또한 그곳에서 언어학적 정식화 자체의 규칙에 따라 정식화가 가능해지는 순수한 기능이 작동하고 있다는 것만을 (다시) 발견할 수 있다. "그러므로 이 무의식의 지형학을 정의하는 것이 관건이다. 그 말은 대수학이 정의하는 것이 무의식의 지형학 자체라는 뜻이다"(*E.* 515). "시니피에에 대한 시니피앙의 영향"이라는 원리에 따라 전개된 이 정식이 은유와 환유의 정식을 만들어낼 수 있다. 달리 말해 연속적으로 세 가지 정식이 가능한데, 이 정식은 실제로는 진정한 논리적 정식처럼 읽을 수 없고(이 정식은 여기서 계산을 가정하지도 허용하지도 않는다) 매번 라캉은 그것의 해석을 제시한다. 다음과 같이 말이다.

1. 일반적인 정식은 $f(S)\dfrac{I}{s}$ 로 다음처럼 읽을 수 있다.

시니피앙의 기능은 하나의 항목[14]을 의미화에 저항하는 횡선 위에 놓을 수 있게 하는 것이다.

2. 환유의 정식은 $f(S\cdots S')S \cong S(-)s$ 로 다음처럼 읽을 수 있다.

시니피앙들을 서로 연결하는 시니피앙의 기능은 시니피에를 시니피앙이 포착하는 범위 너머에서 지탱하는 횡선의 유지에 일치한다. 이렇게 "제거된" 시니피에는 그러므로 욕망의 대상을 "존재의 '결여'"처럼 지

---

14) (옮긴이) 무의식을 가리키는 기호 I를 말하는데, 무의식은 주체가 알 수 없는 지식이다.

시할 수 있는데, 이 결여를 통해 욕망은 시니피앙의 사슬을 따라 이 결여에 대한 환유의 유예처럼 작동하도록 강제된다.

3. 마지막은 은유의 정식 $f(\frac{S'}{S})S \cong S(+)s$으로 다음처럼 읽을 수 있다.

하나의 시니피앙을 또 다른 시니피앙으로 대체하는 기표의 기능은 의미화의 창조 속에서 횡선의 뛰어넘음(이로부터 $+$ [15] 기호가 붙음)에 일치한다. 이렇게 생산한 의미화는 의미화의 시적 효과이다. 달리 말해 의미화는 내포의 영역에 속하는데, 여기에서 의미화는 시니피에의 항구적인 미끄러짐으로 이끌린다. 그리고 이러한 이동이 앞서 주체의 자리를 제시하는 것을 허용한 그것이다.

그런데 바로 이곳에서 또 다른 분열처럼 이해해야만 하는 것이 생산된다. 분열 자체는 이제부터 텍스트를 불가결하게 지배하는 반복적인 강제에 의해 생산된다. 그러므로 라캉이 그것을 다음의 용어로 제시한 게 우연은 아니다.

"이러한 뛰어넘기는 시니피에 속으로 시니피앙이 이동하는 조건을 표현한다. 이에 대해 내가 좀더 위에서 그 이동의 순간을 주체의 자리와 '잠정적으로'(우리가 강조한 것이다) 혼동하면서 강조했다. 그것은 이렇게 도입된 주체의 기능으로, 우리가 지금 그것에 집중해야 하는데 그 기능이 우리 문제의 핵심 지점에 있기 때문이다"($E.$, 516).

---

15) 더하기라는 일상적인 기호에 견주어 어떤 종류의 "상형문자상의" 괴리가 $+$에 있는데 이것은 전적으로 논리적–수학적 기호법에 대한 재담의 외양을 갖는다. 이 괴리감이 여기서 이렇듯 논리에 의존하면서 작동하는 우회의 범위를 보여준다.

우리가 기억하듯 그러므로 첫 장 전체를 실질적으로 끝까지, 즉 횡선 넘어까지 지연시키는 지점에서 움직이게 하는 것이 이제는 프로이트의 반복 자체를 시작한다. 왜냐하면 첫 장이 "주체 속으로의 이동," 주체 속에서 시니피앙의 "현존"(*E.*, 504)의 명목으로 사유하게 한 것을 성공시킨(잠정적인 성공이라고 라캉은 말한다) 것이 무엇인지에 관한 질문을 여전히 해결해야 하기 때문이다. 그런데 프로이트의 텍스트 자체(좀더 엄밀하게 말하자면 이것 홀로로는)는 주체의 문제로 돌아오는 것을 허용하지 않는다. 그러므로 이로부터 언어학적인 텍스트와 프로이트 텍스트로부터 동시에 구별되는 또 다른 텍스트인 철학 텍스트로 이동해야만 한다. 반복의 반복은 데카르트의 이름 아래 시작된다.

결국 '코기토'로부터 다시 출발해야 한다. 그런데 동일한 논리가 여기에서 여전히 작용하기 때문에 '코기토'를 '마찬가지로' 전복해야 한다. (라캉의 또 다른 텍스트의 제목에 호소하자면 「주체의 전복과 프로이트식 무의식 속에서 욕망의 변증법」인데 이 프로그램은 게다가 최소한 부분적으로는 우리가 이제 살펴보려고 하는 철학적 여정이다). '코기토'를 전복하는 것, 그것은 본질적으로 '코기토'를 주체의 순수한 위치 자체로 유지하는 지점까지 해소하거나 소멸시키는 것이다. 그러므로 만약 고전적인 제스처에 따르자면 "비실체화하는 것désubstantialiser"이지만 여기서 강조되는 것이다. 왜냐하면 이 용어가 단지 어떤 전통이(밖으로부터 데카르트의 '코기토'에 그것을 덧붙인 후) 유지할 수 있다고 믿었던 심리학적 깊이를 공격할 뿐 아니라 또한 초월적인 주체성이라는 자아에 대한 순수한 투명성도 그것이 주체를 결국 자신에 대한 현존(présence-à-soi)이라는 일반적인 지평 속에 유지하는 한 마찬가지로 공격하기 때문이다. 바로 이러한 이유 때문에 한편으로는 '코기토'를 전략의 주체로(말장난을 하지 않는다면 놀이 이론의 주체로, 혹은 우회된 논리적인 정식의 층에서 상기되는 조합의 주체로) 끌어당길 필요가 있고, 또 한편으로는 고전적 주체에 대해서 그 주체를 "탈중심화"하는 것이 중요하다.

　　물론 '코기토'의 이러한 탈중심화를 사유하게 만든 사람은 프로이트이다. 그러나 여전히 다음을 이해할 필요가 있다. 정신분석이 도입한 간격을 측정하기 위해서는 데카르트식 하부 토대가 불가결할 뿐 아니라, 주체가 자신과 맺는 관계 속에서 프로이트가 드러내려 했던 탈중심성 자체는 언어학 용어로만, 다시 말해 언술 행위의 주체와 언표 주체 사이의 차이라는 용어로만 말할 수 있다는 것이다. 이로부터 다음과 같은 프로이트식 "코기토"의 이중 정식화가 나온다(그리고 이중화는 여기서 필요불가결하다는 것을 우리는 이해한다). "나는 내가 나의 사유의 장난감인 그곳에 존재하지 않는다" / "내가 존재한다라고 내가 생각하는 그곳에서 나는 사유하지 않는다"(*E.*, 517). 이 정식은 결국 데카르트의 정식〔"나는 생각한다. 그러므로 나는 존재한다," 내가 생각할 때, 바로 그때 나는 존재한다*"cogito ergo sum," ubi cogito, ibi sum*(*E.*, 516)〕에 대한 재기술에서 파생하는데 그러한 재기술은 언술 행위에 대한 언표의 차이가 표시되는 것이다. 욕망이 빗금을 치거나 쪼개는 주체의 한 복판에, 혹은 분석적인 "경험" 속에서 발생하는 경험적인 욕망의 한복판에 도입하는 것으로 이해할 수 있는 것이 바로 이러한 차이이다. 여기서 욕망은 다른 무엇이 아니라 시니피앙에 대한 거절 위에서(이로부터 은유적인 대체의 필요성이 나온다), 혹은 존재의 결여 위에서(이로부터 환유적 이동의 필요성이 나오는데 욕망의 미완성은 환유에 엮인다) 욕망이 스스로 폐쇄되는 것을 통해서 정의된다.

　　이때부터 반복의 체계가 자리를 잡았다고 생각할 수 있다. 반복의 메커니즘을 이제부터 가속화하는 것이 바로 이러한 이유 때문이다. (언어학, 정신분석학, 철학이라는) 세 텍스트 간의 왕래는 한 간격의 두 면 사이에서 빨라지는 박동의 효과에 의한 것처럼 점점 더 빨라지게 될 것이다. 어떤 의미에서는 새로운 것이라고는 아무것도 생산되지 않을 것이다. 그러나 이 "전혀 새로운 것이 아님"은 실상 철학 문헌의 증가라는 가능성을 포함한다. 왜냐하면 만약 프로이트와 소쉬르 사이의 관계가 막혀 있다면, 그곳에 이 두 "용어"의 하나를 움직이게 만들 수 있는 불균형을 도입할 수 있는 유일한 기회는 명시적이든 아니든 철학적인 것의 개입을 강조하기 때문이다. 텍스트를 통해 취해진 이 새로운 선회가 이제 우리를 데카르트로부터 하이데거로 인도할 것이다.

그것을 도식으로 묘사하기 위해서 이 공정을 세 가지 순간으로 분해할 수 있다.

1. 프로이트가 말하는 "기구"가 결정적으로 주체의 자리를 차지한다. 주체가 생산되어야 하는 장소에 언어학이 설정한 은유와 환유를 프로이트가 말하는 개념으로 수용하면서 주체로 하여금 "또 다른 장면"이라는 장치에 주체가 복종하도록 허용하는 그러한 "메커니즘"을 이곳에서 형성한다. 실제 은유 속에서 하나의 신체적 시니피앙이 또 다른 억압된 시니피앙을 대체하는 것처럼 "증상이 규정된다"(*E*., 518). 이 대체가 "도달 불가능한 의미화를 의식적 주체에"(*E*., 518) 돌려준다. 환유에 관해 보자면, 그것은 욕망을 하나의 순전한 기계적인 기억 속에서 항상 이미 죽은 채 잡혀 있는 것처럼 행동하도록 강제하면서 욕망을 영원한 "다른 대상에 대한 욕망*désir d'autre chose*"처럼 몰고 간다. 이 기억이 그러므로 철학적 회상의 난제들을 해결할 수 있는 자격을 갖춘 프로이트적인 반복을 이해할 수 있게 한다. 왜냐하면 만약 이 회상이 결국 생성 과정의 의미를 뒤집는데서 극복 불가능한 어려움에 부딪힌다면,[16] 프로이트적 반

---

16) 마치 그런 경우는 또한 키르케고르식 '반복' 속에 있는 것이 아니라 귀환에 대한 휠덜린식 법칙 속에 있다. "이처럼 휠덜린적인 'νόστος(여행, 여정, 귀환)으로부터 출발해서, 프로이트가 20년도 못 되어 되돌아오는 곳이 키르케고르적인 '반복'이다"(*E*., 519). 암시는 순간적이지만 최소한 그것은 유일한 하나의 로고스라는 단순한 법칙(여기서 다시 참조한 휠덜린의 용어를 따르면 "로고스의 장엄한 원리")에 대한 어떤 복종이 완강한 어떤 이원론("엠페도클레스의 치명적인 이율배반")에 점진적으로 자리를 양보함을 이 여정, 그러니까 휠덜린의 귀환에서 키르케고르의 반복으로의 이동 속에서 이해하는 것을 가능하게 한다. 더구나 주지하듯

복은 그것이 "기계적인" 한에서 원래의 것이 아닌 "다른 장면"으로 욕망을 전치하는 형상을 취하기 때문이다. 주체는 이제부터는 이러한 장치화의 도구, 다시 말해 그것과 더불어 "존재가 자신의 질문을 던지는"(*E*., 520) 도구이다. 이 존재는 바로 욕망에서 결여된 존재이며, 이러한 이유로 "존재하다는 동사의 공백 속에서 순간적으로 작열함으로만 나타나는"(*E*., 520) 그러한 존재에 다름 아니다. 그러므로 시니피앙의 순수한 효과이며 "진리의 한 기표적 흐름에 대한 고유한 저항"을 통해, 다시 말해 무의식의 '수사학'[17]을 통해 주체의 의미화를 자아의 나르시시즘의 저항처럼 생산할 수 있다.

2. 그러므로 이 모든 기능을 "인간이 그것에 직면하는 자신에 대한 자기의 근본적인 탈중심성"(*E*., 524)처럼 이해할 수 있다. 이러한 '탈중심성excentricité'은 하나의 "중재médiation"를 요청하는데 그것은 대타자의 중재이다. 이미 주지하듯 대타자는 말이라는 계약의 전수자이며 우리가 그렇게 말했듯이 루소라는 이름이 어렴풋이 등록되는 곳이 텍스트의 바로 이 지점이다.[18] 또한 대타자가 결국 "욕망의 인정과 인정에 대한 욕망이 서로 엮이는 곳 그 너머를 지시한다면"(*E*., 524), 다시 말해 대타자가 하나의 변증법의 중재인처럼 나타난다면 헤겔의 이름이 마찬가지로 즉시 등록된다. 이 중재인은 만약 라캉이 그것을 계약 관계로 갑작스럽게 몰고 가지 않는 한 정확히 헤겔적인 것이다.

3. 그러므로 프로이트가 말하는 "혁명"의 특성을 붙잡는 것이 남아 있다. 그것의 정식은 간단한데 그것을 다음처럼 만들도록 해주는 에라스

이것에 대해 프로이트는 명백히 그것을 요구했다.

17) 돌려 말하기, 어순 바꾸기, 생략하기, 중단하기, 예상해서 답하기, 취소하기, 부인하기, 일탈하기, 비꼬기 이것들은 수사적 양식이다. (퀸틸리아누스의 *figuroe sententiarum*) 마치 비유적 전용법, 둘러말하기, 빗대어 말하기, 생생하게 묘사하기가 전의법으로 그것의 항목이 이러한 수사에 관한 메커니즘으로 분류하는 데 가장 적합한 것처럼 암시하는 것과 같다(*E*., 521). Benvenniste, *Problèmes de linguistique générale*, p. 75와 다음 참조.

18) Benvenniste, 앞의 책, p. 35를 보라.

무스의 예를 들자면[19] 우회의 능란함이 어떠하든 상관없다. 정식은 무의식을 의식의 지배에서 빼내오고, 광기를 로고스의 지배 속에서 탈취하고자 하는 데 있다.

"광기, 지혜가 그 두려움이라는 난공불락의 땅굴을 개수하는 곳에서 당신은 더 이상 모호한 찬양의 대상이 아니다. 만약 지혜가 결국 이곳에 자리를 잘못 잡지 않는다면, 그것은 오래전부터 회랑과 미로를 그곳에서 파헤치는 최고의 행위자가 이성 자신이기 때문이다. 그가 사용하는 것은 동일한 로고스이다"(*E.*, 526).

그것의 단순성 속에서 혹은 그것의 명백함 속에서 이 정식은 텍스트를 종결시킬 수 있다. 이 정식은 실제로 "프로이트 이후의 이성"에 속하는 것이 무엇인지, 달리 말해 "문자의 심급"에 속하는 것이 무엇인지를 "정확히 표시하고," 결과적으로 "프로이트가 하나의 순수한 길을 낸 곳에 내재한 진리"(*E.*, 527)를 공표한다.

그런데 그것은 아무것도 아니다. 완성되기에 아직 먼 텍스트는 여전히 조금 더 진행한다. 실상 다음처럼 한 페이지 더 말이다. 여기에서 모든 것은 그것이 마땅히 그래야 하는 것처럼 여전히 물음에 부쳐진다. 왜

---

19) "다른 시대에서처럼 그의 시대가 요청하는 '현실 참여'에 대해 거의 재능이 없는 한 식자를 도대체 어떻게 이해해야 하는가? 그는 바로 인간이 전체인간과 마찬가지로 각자 관심의 대상이 되는 개혁이라는 혁명 속에서 그토록 탁월한 자리를 차지한 에라스무스가 아닌가?
"여기서 주해의 절차에 대해 방향의 전환이 비록 아주 약간 그렇게 하기는 하지만 시니피앙에 대한 인간의 관계를 변화시키기 때문에 인간들은 그의 존재의 닻줄을 수정하면서 인간 역사의 흐름을 변화시킨다"(*E.*, 526~27).
에라스무스는 그러므로 광기에 대한 모호한 찬양자였다는 것을 우리는 이어서 인용할 것이다. 그러나 로고스에 복종하는 그의 현명함이 서양 책의(문자의) 시니피앙을 변화시키면서 그가 이러한 이성과 현명함의 전복을 시작하는 것을 방해하지는 않았다(반대로 스스로 광기의 무질서 속으로 들어가는 것이 바로 이성이지 않은지).

냐하면 프로이트가 발견한 진리는 원칙상 사람들이 기대하지 않았던 또 다른 진리에 관계되기 때문이다. 그것은 바로 하이데거의 진리로, 모두 알듯이 '알레테이아 ἀλήθεια, alêtheia'이다. 그러나 하나의 진리와 또 다른 진리의 관계가 자명하지는 않아 보인다. 그것은 심지어 어떤 복잡성에 속하기도 한다. 이 복잡성은 우리가 지금까지 따라잡을 수 있다고 믿었던 반복의 논리로 전적으로 환원되지 않는 하나의 논리를 함축할 위험이 있으며, 마찬가지로 자신의 차례가 오면 반복의 논리를 벗어날 위험도 있다. 그러므로 결론적으로 최소한 잠정적으로나마 분석을 연기하도록 우리를 강제한다.

바로 그 때문에 우리는 지금으로서는 여기서 두 가지만을 강조하는 데 만족하려고 한다.

— 최소한 그것이 촉발하는 놀라움을 통해서 하이데거라는 이름의 출현은 라캉이 취하는 경로의 단순한 논리를 탈선시키는 것을 멈추지 않는 일련의 분열과 사고에 속하는 것처럼 보인다는 것이다. 그리고 더 심원하게는 하이데거가 여기서 "지금까지 인식에 관한 모든 전제들이 그렇게 가정한 것처럼 존재자 속에서 인간의 상황을 묻는 것에 대한 재질문"(*E.*, 527~28)을 지시하는 한에서 하이데거의 개입은 이러한 동일한 경로 속에서 우리가 사용할 수 있었던 모든 철학적인 원천들을 위협하는 것처럼 보인다는 것이다.

— 그런데 또 다른 편에서는 하이데거의 진리는 이 텍스트의 논리를 그만큼 '완성하는 것'처럼 나타난다. 왜냐하면 즉각적으로 문자는 '존재'에 연결되는데, 이것을 "존재"에 대한 "질문"의 대상인 하이데거의 존재로 동일하게 이해해야만 하기 때문이다. 결국 은유가 최후에 '연결되는' 곳이 바로 이 "질문"이다. 좀더 부연해서 언어학 용어와 정신분석학 용어가 서로 결합하는 곳인 문자의 과학의 정식 속으로 '존재'에 대한 하이데거식 시니피앙이 자기 진리의 화인을 찍으러 오게 된다.

“왜냐하면 비록 사람들이 그것을 비웃더라도 욕망이 하나의 환유가 ‘되는’ 것처럼 증상은 우리가 그것을 말하기를 원하든 그렇지 않든 하나의 은유가 ‘된다’ ”(*E.*, 528).

그러므로 이 진리——알레테이아——를 우리는 라캉이 구사하는 전략의 논리 속에서 생각해야만 하는데, 전체의 계산 속에서 생산되는 그러한 작용이 무엇인지 말할 수 있기 전에 그렇게 해야 한다.

이를 위해서는 물론 먼저 이 전체의 기능을 그 자체로 살펴볼 필요가 있다.

2. 체계와 조합

그러므로 전략은 서로서로 맞추어져 있고, 얽혀 있는 이 반복이라는 기제를 조정하고 지배하는 그런 것이다.

현재로서는 이 전략을 그 자체로 보여주고 그것의 특별한 효과들을 생산하는 것이 관건이다. 다시 말해 라캉의 텍스트를 다시 읽어야 한다. 혹은 그것의 독해를 반복해야 한다. 우리가 알고 있듯이 이것을 여러 번 해야 한다.

무엇보다 이 전략은 하나의 '총체적 전략'으로 라캉 텍스트 전체는 그것의 경제와 그 구조 속에서 이것에 복종한다. 혹은 좀더 엄밀하게는 라캉 텍스트가 이 용어의 정확한 의미에서, 다시 말해 그것들의 "제한된" 의미에서 자신의 경제와 구조를 이 전략에 빚지고 있다.

이 총체적 전략에 따라 텍스트는 동시에 이중성과 중복성이라는 두 동기를 따르는데, 이 동기가 우리가 알고 있는 것처럼 전략의 요소 자체이자 독해를 반복하는 이유다.

결국 한편으로 이 텍스트는 차용, 도착, 전복, 반복의 행위들에 대한 일종의 '조합'을 작동시키며, 이것들을 통해서 텍스트가 구성된다. 이러한 명목에서 그 운동은 우리가 '전환'의 절차에 총체적으로 부합한다고 말할 수 있던 그런 것이다.

그런데 여전히 그 본성을 파악해야 하는 이 전환은 또한 그 자체가 다른 운동을 활용한다. 이른바 '우회 전술'이라는 전략이 되는데, 이것을 통해 라캉 말의 흐름 자체와 그것의 분열과 중단 속에서 '체계성'이라는 모든 특징을 갖는 어떤 것을 함께 설치하고 완성하며 종결한다.

이러한 이중의 운동을 분간하고 그 법칙을 해석하기 위한 시도를 할 필요가 있다. 물론 이것은 다음과 같은 질문을 던져야 한다는 말이다. 이러한 전략적인 중복성이 끝까지 유지되는지, 그것은 라캉 텍스트의 이중적 '장소'인지, 혹은 두 측면의 하나가 다른 것 속으로 이동하는지 등을 물어야 한다. 그렇기 때문에 이러한 전환이 라캉의 담론 속에서 (재)구성되는 것처럼 보이는 '체계를 우회하는' 지점까지 가는지, 혹은 반대로 비슷한 (재)구성이 전환 자체를 '체계로 되돌리는지'를 자문해보아야 한다. 물론 이러한 양자택일이 최소한 절대로 결정적인 것이 아닌 것처럼 드러내지 않는다면 말이다.

적어도 이러한 — 아마 여전히 지나치게 단순한 — 질문과 더불어 우리는 '체계'의 효과를 통해 시작하면서 이 담론의 전략적 효과에 대한 독해에 착수할 수 있다.

이 텍스트가 체계적이라는 사실(그러므로 이 "텍스트"는 절대적으로는 하나의 "담론"이기도 하다는 사실) 혹은 이 텍스트는 최소한 하나의 체계를 발생시킨다는 사실, 그것을 우리는 텍스트의 첫 장이 생산한 구성 속에서, 그리고 모든 일련의 이론적 동기와 이론적 심급 아래서 이러한 구성을 반복하는 것 속에서 이미 간파할 수 있었다. 지금으로서는 이러한 체계성 자체, 즉 '담론'에 머물 필요가 있다. 라캉 텍스트는 과학적이거나/혹은 철학적인 담론이라는 근본적이고 기초적인 연구에 부합하여 이 담론을 붙잡는데, 이 텍스트가 자신을 통해 자기 자신에게 닫힌 하나의 영역에서 완수되는 한에서 그러하다. 그리고 이 영역은 그 연구 속에서 유기적으로 연결되지 않는 어떤 것도 포함하지 않으며, 이러한 주변 자체에 텍스트를 엄격하게 정돈하지 않고는 그 주변으로부터 아무것도 배제하지 않는다. 모든 체계는 이처럼 담론의 연결이라는 자신에 대한 어떤 동일성의 체계—다시 말해 그리스어로는 '조합적 위치'[20]이다—로 그것은 하나의 '논리'에 대한 "아르케"이자 "텔로스"이다.

　지금까지 우리가 우리 독해 속에서 그것을 "철자로 발음한" 후에, 우리는 이 체계성을 여기서 제안하는 도식 속에서 '보게' 하려고 한다.[21]

　그러나 우리는 이 도식을 마치 그것의 형상을 이중화하기 위해서 그런 것처럼 두 텍스트를 먼저 살핀 후에야 언급할 것이다. 왜냐하면 먼저—우리가 방금 그것을 상기한 것처럼—체계성은 그리스 사고에 속하기 때문이고, 다음으로 그것은 다음과 같은 담론의 단호한 요구에서 발생했기 때문이다.

　"이것이 수사법τρόπος(수사, 스타일, 방법)이다. 왜냐하면 최소한 다음의 것을 언급하는 것이 필요하기 때문이다, 모든 묘사적이고 형상적인 διάγραμμα 것들(기하학적 형상, 도형), 모든 기수법ἀριθμός(숫자, 합계) 체계, 모든 조화로운 조합σύστασις(결합, 구축)과 천체 혁명의 유사성, 이 모든 것은 수사법에 따라 혼자 공부하는 사람을 위해 백주에 그것의 단위를 보여주기 마련이다."

　이 텍스트는 『에피노미스 *Epinomis*』[22]에 들어 있는 플라톤의 것이다.

---

20) 이 "번역"은 '체계'를 전환적인 '조합'으로부터 분리시키는 틈이 가지는 얄팍함과 취약성을 제시하기 마련이다. 그런데도 이 틈 속으로 스스로 이동하는 것, 그리고 아마도 이 틈을 이동시키는 것, 그러한 것이 이 텍스트의 이중적 순환이자 목적이다.
21) 이 책, p. 133의 그림 참조.

우리는 이 책의 구성요소들을 아직 다 보지 않았으며, 모든 논리는 우리 도식의 주변에서 순환한다.

그러므로 또 다른 텍스트도 여기에서 순환할 것이다. 이 텍스트는 앞 책의 주석일 것이고, 우리 도표를 종결시키는 어떤 지점에 관해 보자면 그 주석이 하이데거의 것이라는 사실이 사소하지는 않다.

"체계란 단순히 지식으로부터 처분 가능한 질료를 정돈하는 것도 전혀 아니며, 이 지식의 올바른 소통이라는 관점에서 알려질 법한 어떤 것도 아니다. 체계는 오히려 인식 가능한 것 자체의 내적인 연결Fügung, 그것을 창조하는 전개와 외양Gestaltung이다. 좀더 올바르게 말하면 다음과 같다. 체계는 존재 자체의 결합Gefüge과 접합Fuge의 지식에 부합하는 연결이다."[23]

비록 이 권두의 문구가 지금으로서는 생각할 거리를 준다(믿을 수 있게 한다) 하여도 그러나 유사한 도식은 모든 도식적인 재현 이외의 다른 것을 요구하지 않는다. 도식적인 재현 속에서 그림 자체는 과학적 공정이나 그런 식으로 등록된 계산의 장소나 대상이 아니다. 그러므로 여기서 아무것도 기하학적이지 않고 위상학적이지 않다. 이 도식은 편리성과 감각적 직관에 대한 호소라는 모든 경험적인 특징만을 갖는다. 또한 그것은 자신의 고유한 해설을 박탈할 수 없다.[24]

— 그러므로 그러한 형상의 사용은 우리에게는 하나의 놀이에 불과하다는 것을 이해했을 것이다. (이러한 종류의 실천에 고유한 효과가 '기하

---

22) 991ᵉ: 이 텍스트가 플라톤 "자신"에게 귀속되어야 하는지 그렇지 않은지에 관해 잘 알려진 이 논쟁은 여기서 중요하지 않다.

23) *Schellings Abhandlungen über das Wesen der menschlichen Freiheit*, Tübingen, 1971, p. 34.

24) (옮긴이) 도식은 개념이나 공식과는 다르게 경험적인 것에 호소하는 듯하지만 개념 못지않게 많은 것을 말해준다는 얘기다. 라캉은 도식이나 도형을 깨달음을 주는 우화에 비교하기도 하였다.

학적 관습mos geometricum'에 언제나 사로잡혀 있는 문화에서는 실상 그토록 심각한 효과로 남는다는 것을 적어도 말할 필요가 있다.) 단지 이 놀이는 다른 놀이들처럼 교훈이 없는 것은 아니다.

왜냐하면 하나의 도식의 사용이 아마 우리 독해 속에서 정당화되지 않는 것은 아니며, 읽어야 하는 텍스트에 고유한 적절함이 없는 것도 아니기 때문이다. 실제로 이 담론의 체계적인 단위를 '보도록' 하는 것은 아마 우선 그것이 자기 언술 행위라는 사건 속에서 '듣기를' 원하는 그 단위를 '반복하는' 하나의 방법일 뿐이다. 도식은 그러므로 이러한 원천에 대한——"문자적"이면서 "은유적인"——반복일 것이다. 이 원천은 마치 그것이 서문에서 이해한 것처럼 단어의 연설적인 의미를 지닌 하나의 "담론"이라는 기회 속에서, 다시 말해 유일한 파악의 기회, 직접적이고 (아니면 단순하고) 즉각적이면서 이에 대해 민감한 이해라는 기회 속에서 라캉의 말이 끌어내는 것이다. 마치 라캉이 『에크리』에 있는——그것을 망각해서는 안 된다——"사람들이 믿는 것보다 더 아이러니한 하나의 제목"[25]을 여기서 제공하기 전 어느 날 대학의 한 수강생을 이러한 이해로 초대한 것처럼 말이다.

다음으로 이 도식은 그만큼 "효력"이 있는 도표적 재현이라는 절차에 부합하면서 스스로를 지탱한다. 도표적 재현을 라캉 자신은 다른 여러 텍스트[26] 속에서 활용할 줄 알았는데, 이때 이 "도표들"은 같은 이름을 가지는 수학적 이론의 개념들과 최소한의 일치됨도 없다. 라캉의 "도표"는 그 자체도 전환의 전략에 속한다.

그러므로 여기서는 그러한 절차를 약간만 흉내 내면서 이러한 전략의 공간적인 재현을 시도하는 것이 중요한데, 이 재현이 발생시키는 것을

---

25) "Lituraterre," *Littérature*, n° 3, p. 4.

26) *E.*, 48, 50, 53, 56~57, 548, 571, 673~74, 680, 774, 778, 805, 808, 815, 817 참조, 그리고 미출간 세미나 내용의 여기저기를 보라. 이 "도식들"의 본성과 관련된 불가결한 주의 사항들은 밀레가 지적했다. J. A. Miller, *Cahiers pour l'analyse*, n° 1/2, 1966, p. 171.

허용하는 것이—혹은 요구하는 것이—어떤 형태인지 관찰하기 위해서 그런 것이다. 이 형태는 '원'의 형태이고, 최소한 어떤 '지점'까지는 원의 형태로 마치 당연히 그래야 하는 것처럼 '결함도 없고' '여분도 없다.' 다시 말해 그것은 라캉이 말하는 '고리'의 형태다. 게다가 라캉은 말장난을 치면서 그것에 따라 "언어의 흐름 위에서 의미의 고리가 우리가 붙잡은 것 밑으로 도망치는"(*E.*, 517) 이 "도둑잡기 놀이의 모호함"을 상기시킨다.[27] 만약 의미의 고리가 도망친다면, 여전히 또 다른 고리, 즉 놀이자들이 가지는 원의 고리를 따라서 그런 것이다.

이 원—만약 우리가 이 도식의 가장 작은 원주를 관찰한다면—을 우리는 그 점의 어떤 한 곳으로부터 순환하게 할 수 있다. 다시 말해 '문자' 자체로부터 말이다. 문자는 하나의 자리라는 물질성처럼 스스로를 구성하면서 주체를 "그것의 자리"에 선등록하는데 이 자리가 시니피앙의 자리이다. 그런데 문자는 또한 대타자를 통해서만 제정되고, 제정의 계약이 문자를 말 속에, 즉 진리의 능력 속에 등록시킨다. 우리는 이 진리가 합치성("정확함*adaequatio*" "일치함*homoïosis*," 이것에 대해 물론 다시 언급해야 할 것이다)을 통해 특징지어지는 것으로 보았다. 그런데 동일한 이 문자는 또한 '알레테이아,' 즉 궁극적 진리 속으로 등록되면서 자신을 감춘다. 이 궁극적 진리에 대해 보았듯, 현재로서는 텍스트가 최소한 그것을 "프로이트의 진리"로, 다시 말해 적어도 욕망을 억압하는 이러한 진리〔주체가 '알 수 없고' 말 (속의) 기표적 괴리에 동일시하는, 혹은 좀더 쉽게 말해 그러한 괴리처럼 혹은 '구멍'처럼 공표하면서 식별하는 그러한 진리〕로 그것을 간주하도록 강요한다. 이 행위는 이처럼 그것을 통해 '존재'가 원 위에서 세 번이나 결여되는 행위이다. 즉 말에 대해 한 번('환유'), 말을 통해 한 번('은유'), 말 속에서 한 번(동사 "~이다"), 이렇게 세 번 말이다. 결여되면서 존재는 대타자의 또 다른 장소를 점유

---

27) 이 도둑잡기 놀이는 라캉에게서 계속된다. *E.*, 259 참조.

132

문자라는 심급의 "체계"[28)

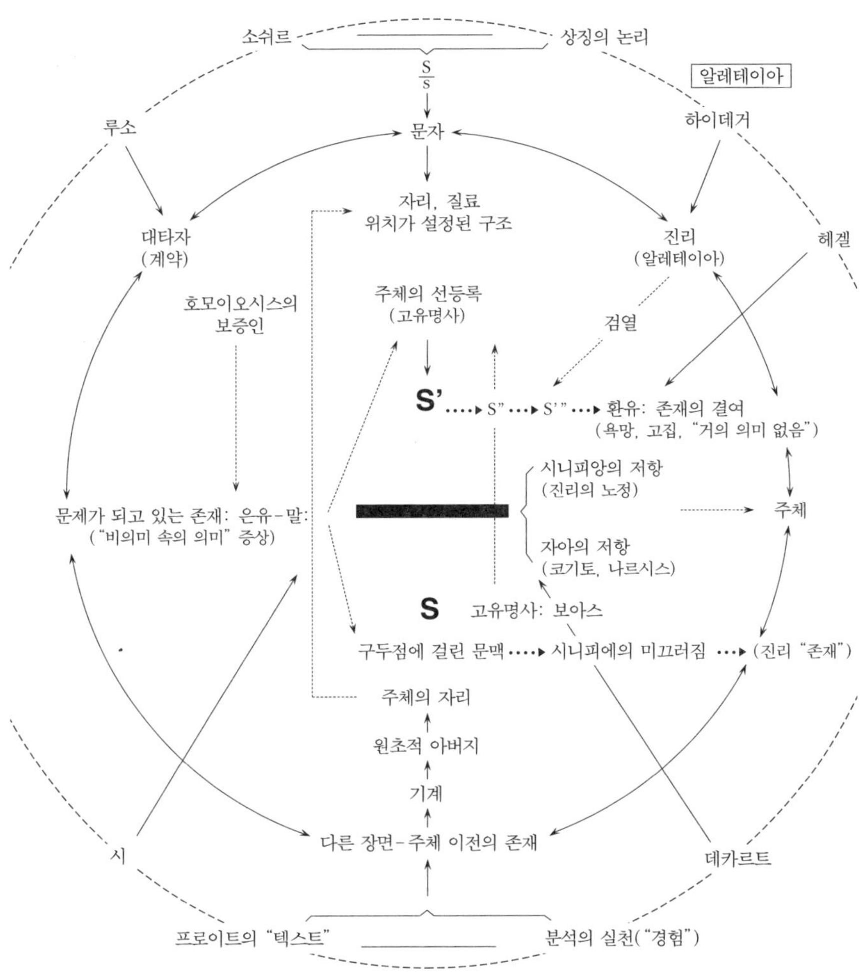

---

28) *E.*, 401, 506과 「라디오포니」, p. 82 참조.

한다. 이것은 '다른 장면Autre Scène'으로 결국 같은 것이며, 이 때문에
원 위에 있다. 이곳으로부터 문자와 그 순환을 통해 존재는 '주체'를 지
배하며, 이 주체는 자신의 부재로부터 문자의 원을 완결한다.

원주 자체에 속하는 것에 대해서는 그것을 이처럼 펼치는 것으로 충분
하다. 다음으로 누구나 원주가 그 점의 어떤 다른 곳에서 폐쇄하는 것을
볼 수 있을 것이고, 이 점의 각각은 어떤 식으로는 "동일한" 부재, "동
일한" 변조를 표시하거나 혹은 자신의 정체성을 동일하게 손상한다.

원의 내부는 그것이 그리는 선의 폐쇄를 반복한다. 이 내부는 실상 말
의 분열 자체에 의해, 다시 말해 문자가 그것의 원으로부터 그곳에서 뚫
는 '구멍'을 통해 분열되어 있다. 이처럼 말은 최초 시니피앙(횡선이 지
배하는 시니피앙)을 은유의 시니피앙이 대체할 때만 의미화에 저항하는
횡선을 "넘을 수" 있다. 후자는 횡선을 넘어서고, 우리가 이것에 대해
언제나 이미 관계를 가지며, 그것이 다른 S'로 대체되었기 때문에 S로
표시되는 그런 시니피앙이다.[29] 은유의 시니피앙은 그 자체가 즉시 환
유의 사슬 속으로 이끌린다. 이처럼 말은 무한하게 열린 이중의 계열을
발생시키는데, 하나는 (다른 장면으로부터 주체에게 그의 자리와 그의 속
성을 감추는 '기구'에 의해 인도되는 은유의 영역 속에서) 시니피에의 미
끄러짐이고, 다른 하나는 시니피앙의 연결이다. 이 연결에서 진리를 통
해 억압된 하나의 '욕망'에 대해서 "거의 의미 없음"이 지속된다. 이 진
리는 그 안에서 주체 자신에 대해서 감춰지는 그러한 "자리"를 주체에
부여하는 문자의 이러한 위치화를 통해 이끌리는 환유의 영역이다.

우리가 살펴보겠지만 이러한 완강한 이중성은 또한 이때부터 횡선의
양쪽에서 찾을 수 있는 대칭을 통해 원을 완성하고 다시 폐쇄한다. 사슬
이 그것의 결여를 환유화하는 이 존재는 그 자신의 언어를 벗어나 있는

---

29) 이미 인용한 *E.*, 515의 정식을 참조하라.

하나의 "섬광" 속으로 미끄러지는 그런 존재이다. 주체의 이름은 시니피에가 소멸된 것이다. 이처럼 역설적으로 선등록된(선추방된) 주체는 기구의 작용을 통해서 그 자리가 유지된다. 그리고 부친살해라는 음모는 시니피앙 대체 작용 이외의 다른 것이 아니다. 또한 그 위에서 "기구가 감독자를 통제하는"(*E.*, 519) 기구의 장소, 즉 프로이트의 "다른 장면"은 대타자의 장면이다. 다시 말해 그것은 또다시 문자의 원——순환하는 장면——으로 그곳에서 문자가 자신의 심급을 내세운다.

그 이중화된 계열에서 말의 공정은 더구나 하나의 "방향"을 가진다. 그것은 주체의('의'라는 격조사도 여기서 이중적이다[30]) 명명과 의미화를 향해 진행한다. 그런데 횡선의 넘음 속에서, 다시 말해 진리를 통해 억압된 시니피앙의 저항과 주체의 상상적인 시니피에에 대한 저항이라는 이중적 저항의 놀이 속에서 주체가 생산된다. 이 주체는 '도래하지 않은' 주체이자, 자신도 역시 거기에서 존재가 결여되고, 문자가 존재를 분열시키는 그러한 원주 위에 있는 단지 하나의 점에 불과한 그런 주체이다(그러한 이유로 존재를 받쳐주는 반원은 점선으로 그려져 있지만, 원의 폐쇄에 대해서는 아무것도 제거되지 않는다).

원의 순환항은 다음과 같다.
——말의 작용의 대칭.
——"문자적" 조직화와 "무의식적" 조직화의 대칭.
——원주 위에서 이러한 모든 대칭을 이끄는 모든 주요 항목의 동일성.
여기에 또한 다음을 첨가해야 한다.
——원주 자체와 그것이 포함하는 작용들의 동일성.
다음과 같은 원주의 항들은 그들 사이에서 결국 라캉이 말하는 '은유'

---

30) (옮긴이) 프랑스어 격조사 de는 '~의'라는 소유의 의미와 '~에 대한'이라는 목적의 의미라는 두 가지 뜻을 지닌다.

처럼 행동한다. 문자, 진리, 대타자, 존재와 주체는 각각의 기능이 '다른 항을 위해' 자신의 "자리"에 오려는 한에서, 그리고 주체(혹은 존재의……)의 비-도래라는 위치를 통해 조정되는 이 기능의 순환하는 사슬이 정확히 '환유적' 사슬이라는 한에서 여기서 함께 체계를 만든다.

그런데 그러한 "동일성"의 순환은 그 자신의 원을 위해 하나의 '중심'을 요구한다. 우리는 이 중심에 대한 필요성 속에서 도식의 형상이 그것이 형상화하는 것에 가장 결정적인 강제를 행사하는 것을 볼 수 있다. 결국 그러한 도표화가 라캉 담론을 적절하게 그리고 정확하게 만들수록 이 담론은 바로 그 때문에 '순환적인,' 즉 체계적인 것이 된다. 그런데 이 담론이 '중심'처럼 되지만, 동시에 도표화는 이 중심을 그 자체로 등기할 수 없다(할 수 없음에 틀림없다).

횡선이 자리를 가로지르기 때문이다. 횡선의 자격으로 그것은 중심 '점'을 "요동치게" 하고 "체계"의 의미화가 여기서 발생할 수 없는 지점에서 그 기능을 방해하면서 마찬가지로 원의 동일성을 깨뜨리기 마련이다. 그런데 이러한 의미화가 생긴다. '최소한' 체계로서 라캉의 담론은 우리가 곧 보여주기를 희망하는 것처럼 그것이 파헤치는 간격을 줄이고 그 자신의 미끄러짐 위에서 멈춘다(혹은 자신에게 원의 형상을 만들면서 자신의 미끄러짐을 멈춘다). 이 멈춤에서 담론은 중심화된다. 그리고 이 중심은 바로 횡선 자체로 그것의 두께가 한 점을 감출 정도이다. 그것은 체계의 점 자체이자 구두점 찍기, 즉 그것으로부터 '시니피앙 논리'의 요소들과 관계들을 배열하는 것이 가능해지는 '개념'이다. 이 논리란 이 관계 아래서 그러므로 전환이 없는 그저 하나의 '논리'에 불과하다.

횡선의 이러한 점으로 구획하는——구두점을 찍는——가치 속에서 라캉의 담론을 통해 엄밀하게 '원리'처럼 제기되는 것을 인정해야 한다. 즉 횡선은 '기초' 혹은 '기원'에 속한다. 이 가치는 한 체계의 '원형'으로 기원의 자리에 있는 분열, 결여 혹은 구멍을 전적으로 체계화하면서도 체계성이라는 '원형적archaïque'인 자신의 고유한 가치, 즉 기원과 중심의 가치가 다시 문제가 되지 않도록 보존한다. 이렇듯 라캉의 말은 분해와 분산이라는 그것의 효과 속에서도 담론적 전개는 물론, 결과적으로 통일적이고 독백적인 정돈도 배제하지 않는다는 것을 볼 수 있다. 그리고 라캉의 말은 역설적으로 그것이 그러한 배열에 의해 이끌리지 않는 한에서 그러한 배열을 이끈다. "시니피앙의 논리" 속에는 시니피앙에 속하는 것이 대립하기는 하지만 "유일 중심주의"[31]에 대한 라캉의 비판이 파괴하거나 초과하려고 했던 것을 계속해서 재구축하거나 재중심화하려는 체계적인 하나의 힘이 작동하고 있다.

중심이 또 다른 원을 낳는 한에서 횡선이 이처럼 기능한다. 원은 체계의 원에 경계를 긋는데, 후자는 그것의 기원이 된다. 바로 이 횡선이 소쉬르와 상징계 논리에 대해 하나를 다른 하나 속에서 다루면서 대수학을 그리거나 구축한다. 그리고 말의 계약에서 루소를 반복하고, 하나의 시적인 원천을 은유로부터 취하고, 불가능한 주체의 자리에 데카르트를 지명하고, 욕망의 법에 헤겔을 놓는 것도 바로 이 횡선이다. 한 사람은 문자 이전, 그러니까 언어학이 만들어지기 이전에 경험적인 것과 과학적인 것으로 문자를 창조한 사람으로, 다른 사람은 그러한 이론이라는 진리의 양태를 의미화한 사람으로 프로이트와 하이데거를 동일한 순환 위에 올려놓는 것도 결국은(혹은 무엇보다) 횡선이다.

이러한 모든 (고유한) 이름들은 최초 원의 법칙에 따라 그들의 차례가 되면 순환한다. 그것들은 일종의 공시적인 투영 속에서, 그리고 서구 사유 역사의 무한한 반복(게다가 플라톤부터 횔덜린에 이르기까지 텍스트가 언급한 이 모든 이름들을 잊지 말아야 한다) 속에서 한 쪽이 다른 쪽에 대해 은유가 된다. 결국은 이 이름들이 이처럼 "프로이트 이후"의 '이성'이

---

31) "모든 유일 중심주의에 매달리는 자만함을 낮추는 이러한 필요성"에 대해 우리가 앞에서 언급한 것을 보라. 이 책, p. 15 참조.

라는 원을 형성하기 때문이다. 그리고 그것들의 사슬이 문자에 관한 이론과 체계를 환유화한다. 하지만 이러한 환유의 '텔로스'가 생성되는데 왜냐하면 목적은 이 체계 자체이며 혹은 적어도 여기서 유지되는 담론의 법칙처럼 등록된 그것의 가능성이기 때문이다. 이 체계, 그리고 그것과 마찬가지로 한 중심이 라캉이라는 고유한 이름을 가지는 것도 또한 이 때문이다.[32]

이 모든 점에 대해——다시 말해 '유일한' 고려에 대해, 즉 중심에 대한 고려와 어쨌든 모든 것에도 불구하고 여기서 채워진 중심의 기능에 대해——라캉은 가장 고전적 의미의 체계를 구성한다. 프로이트를 거쳐 칸트에게서 "코페르니쿠스 혁명"[33]을 다시 취한 라캉 혁명은 아마도 '또한' 이러한 혁명의 정반대적인 것에 착수한다. 원을 이중의 중심——게다가 둘 중 하나는 비어 있을 것이다——을 지닌 타원으로 늘리는 대신에 라캉 혁명은 순환적 혁명에 도달할 것이다. 바로 이러한 이유로 도식은 패러디에 의해 코페르니쿠스라는 이름의 제목이 붙을 수 있을 것이며, 그것을 다음처럼 이해해야 한다. 라캉 텍스트의 문자(우리가 조심스럽게 그 모호함을 보존해야 할 표현)는 문자 그대로 체계적인 담론의 집중화된 모든 문식에 따라 그 효과들을 생산한다.

만약 라캉이 자신의 "언표들은 하나의 완결에 의해 정당화되는 이론적인 전개와 아무런 공통점도 갖지 않는다"고 말할 수 있다면, 적어도 우리 독해의 이 단계에서 이러한 선언은 생산된 효과와 이 동일한 효과를 파괴하거나 전복하려는 의지 사이의 간격 속에서 반드시 읽어야 한다는 것을 알 수 있다. 게다가 그런 이유로——그리고 우리는 그것을 언급

---

32) 이 텍스트 혹은 다른 텍스트의 여기저기서 라캉의 담론 속에 그의 이름을 기입하는 것, 혹은 일인칭 대명사의 빈번한 사용을 볼 수 있는 것처럼, 이 '전환사'는 '그렇지만 결국은' 언술 행위 속에서 언표를 보장하며 역도 마찬가지이다.
33) 도식에 대한 문헌과 「문자의 심급」, p. 516을 보라.

했다──이 체계가 이처럼 단순하게──체계처럼──기능한다는 것은 확실하지 않다. 결국 그것의 체계성이 다양한 전환들의 조합 안에서 생산되는 한에서 전환의 기능이 체계성을 어느 지점까지 왜곡하고 흐트러뜨리는지 알아보는 것이 관건이다. 적어도 이러한 명목 때문에 비록 이 횡선이 '마찬가지로' 하나의 점일지라도 하나의 체계가 그 중심에 빗금을 긋는 것이 중요하다.

그러므로 이 "체계"에 대한 이중의 독해가 필요하고 도식의 페이지를 넘겨야 한다. 그렇지만 이곳에서 별도로 남는 것을 주목하지 않은 채, 그리고 그것에 대해 여전히 아무것도 말하지 않고 그렇게 하지는 않는다. '알레테이아'에 대해 다음과 같은 이중의 등록을 해야 한다. 일단 원에 대해서는 라틴어로, 다음에는 그것을 넘어서는 것은 그리스어로 기입하는 것이다. 이러한 이중의 기록을 읽기 위해서는 라캉의 모든 전략을 다시 고려해야만 한다. 또한 기록이 이렇게 둘로 나누어지는 것은 전략을 통해서인지 혹은 그것을 벗어나서인지, 아니면 그것 덕분인지 그것에도 불구하고 나뉘는 것인지를 구분해야만 한다.

이번에는 전치의 조합처럼 고려한 체계의 두번째 탐구에서 우리는 먼저 새로운 복제물을 발견해야 한다. 다시 말해 같은 행위에 의해 조합은 체계의 목표를 극단화시키고 다른 곳으로 벗어나려고 시도한다. 다음처럼 단계별로 진행해보자.

그러므로 전략은 언어학에 대한 어떤 논의를 통해 시작된다. 이 논의는 하나의 우회로, 우리는 그것을 소쉬르에게 근본적인 비판을 던지면서 소쉬르를 활용하는 이러한 방식 속에서, 그리고 소쉬르가 전혀 모르는 대수학을 그에게 돌리는 것 속에서 잘 볼 수 있다. 야콥슨이 다룬 은유와 환유는 언어에 대한 보충적인 "측면"이라는 그 특성을 잃어버렸으며 그것들 각각의 우월성은 예컨대 문학 장르에 따라 다양해질 수 있는

데, 이는 그 결합이 언어의 법칙을 욕망의 법칙처럼 구성하는 자율적인 두 단위가 되기 위함이다.

우리가 알고 있듯 이 모든 논의는 프로이트에게 언어학적인 기능을 연관시키는 것, 오히려 언어학 용어로 해석되는 프로이트 자체를 겨냥한다. 이것은 모호한 순환으로 여기서 우리는 라캉 텍스트의 "연결" 혹은 (비)연결성이 생산되는 것을 본다. 우리는 이러한 결합을 다시 다루겠지만, 여기서는 단지 긴 우회를 통해서만 그것을 시작한다.

지금으로서는 결국 단순히 하나의 확인만을 할 수 있을 뿐이다. 즉 정확히 말해 우리가 라캉에게 반박할 수 있을 만한 언어학적 엄격성은 없다. 라캉이 소쉬르에 대한 자신의 "비판들"(게다가 이것들은 오히려 그것에 대한 가능한 비판적 범위와 관계없는 간격 혹은 일탈이다)을 언어학으로 정식화하지 않았던 만큼, 아마 그 자신도 언어학에 의해 비판받지 않을 것이다. 그는 언어학을 전적으로 프로이트의 용어로 바꿔 썼다. 이러한 바꿔 쓰기는 최소한 어떤 지점까지는 언어학의 권위에서 빠져나온다(여기서 우리가 전개하는 것이 확증된다. 전략은 그 자체로 '비판적' 판결 권한에서 벗어나며, 이 전략은 또 다른 운동에 대해서 스스로를 제공하고 이 운동은 전략적인 작용들을 확증하면서 동시에 분산한다).

반대로 비판을 넘어 하나의 질문이 제기된다. 왜 언어학은 비록 축소가 아니라 최소한 한 부분 속에서만 새로 바뀐 채로나마 그 개념이나 용어를 유지하는가?[34]

왜냐하면 전환 속에서, 그리고 그것에서 파생하는 개념들의 상대적인 혼란 속에서 결국 어떤 것이 반드시 유지되기 때문이다. 이 어떤 것은 그것의 소쉬르적인 단계와 근본적으로 이러한 단계에 의존하는 차후의

---

34) 혹은 달리 표현하자면, 라캉에게는 그러한 유사한 '유지'의 지위——아마도 이 자체에서는 불가피한 것이다——가 무엇인가? 전환한다는 것 '그리고' 유지한다는 것. 이 순환은 헤겔의 '지양' 개념인 "제거하면서 보존하다"와 어떤 관계를 유지하는가? 이러한 것이 체계에 대한 또 다른 형태의 질문이다.

단계들 속에서 언어학 분과의 내용보다는 오히려 그것을 창조하고 한정 짓는 그러한 것에 속한다. 이 "어떤 것"을 아마도 라캉 텍스트의 다양한 계기들에 호소하면서 잘 강조할 수 있을 것이다. 그러나 적어도 우리는 그 안에서 두 번이나 이론이 하나의 본질적인 규정, 즉 '주체'를 제공하는 그 요소를 이 계기들 속에서 지시할 수 있다.

실제로 모든 언어학 장치는 아마도 언술 행위에 대한 언표의 간격을 먼저 (재)생산하기 위한 목적으로 전환된다. 이 간격 속에서 언어학적 '전환사'는 "기표적 조합이라는 자궁"을 수용하기 위해 오며, "주체"는 이 자궁으로 환원된다. 다시 말해 만약 "모든 욕망의 변증법과 그것이 형성하는 표시들의 망이 언표된 것과 언술 행위의 간격 속에서 더 골이 파인다면" 그 전환사는 이러한 주체의 모든 공정을 이 자궁에 수용한다. 이것을 흔히 말할 수 있는 것처럼 라캉 자신의 것은 아니지만 이 책 속에서 "정확히 말해" 라캉의 이름이 유일하게 서명된 것을 보여주는 텍스트가 이미 말했다.[35]

언어학 속에서 현저히 단순한 속성인 '전환사'는 그러므로 언표된 것 ——표기와 기입의 영역——과 언술 행위 사이의 불가결한 간격으로 변환한다. 언술 행위는 말하는 주체의 불가능한 동일시다. 한쪽에는 표기, 문자, 문학이 있고, 또 다른 쪽에는 찾을 수 없는 저자와 발화자가 있다. 그러나 우리가 알고 있듯 이 간격이 또한 바로 '문자'의 사태로, 문자가 그것을 열자마자 말을 분리하고 또한 말하는 주체를 분열시킨다. 즉 말을 분리하면서 주체를 분열시킨다.

물론 이러저러한 방식으로 이 간격은 사람들이 그것에서 거리를 두려고 하는 것과 현존하는 주체의 생생한 한복판에서 찢겨지는 것에 대한 관계 속에서 가치를 갖는다. 이 불가능한 주체와 이 지정 불가능한 장소는 문자적 간격에 대해 부정적으로 언급한 것이지만 그것들은 또한 구성

---

35) "Pour une logique du fantasme," *Scilicet*, 2/3, p. 238.

적인 순간이면서 당연히 기체이기도 하다. 그것들은 '불가능하지만' 그러나 시니피앙 질서는 그것을 (그리고 그 자신이) 공동화시키는 간격 속에서 시니피앙 질서가 "현존함" 없이는 '가능하지' 않다.

그러므로 그것의 전환에 이르기까지 언어학으로부터 얻을 수 있는 것들은 다음과 같다. 거기에서 언어학이 기원한 이것 자체, 언어학을 지배하는 것, 즉 그것의 의미화 속에서 자신에 대해 투명한 의식 주체의 모델 등이 그것이고, 오랫동안 철학이 인정하고 탐색해온—또한 축소된—언어의 그 기초에 대해 언어학은 과학적 양식 위에서 뒤늦게 탐색한다. 다른 것 중에서 소쉬르 언어학을 '말의'(그러므로 소통의) 언어학으로 만드는 것이 바로 이 모델이다.

언어학에 대한 철학적 동기는 이처럼 시니피앙 논리 속으로 이동한다. 주체는 그곳에서 구멍 속으로 떨어지지만—어떤 식으로는 손대지 않은—'말'은 '이 구멍의 윤곽을 그려낸다.'

이처럼—빠르게—전략적인 조합의 최초 순간을 특징지을 수 있을 것이다. 말하자면 다음 작용들의 어떤 형식적 규칙을 구성하는 것을 지나가면서 드러내보자. 이것은 전환된 요소들에 대한 어떤 '이중화된' 행동의 규칙으로 매번 동일한 운동 속에서 파괴된다.

언어학은 여전히 또 다른 수정의 대상이기도 하다. 언어학은 과학성의 일반적인 체제에 결합하지만 이 과학성의 지위는 지금까지 정밀과학의 모델 위에서 형성된 어떠한 인식론에 의해서도 인정되지 않았다. 그런데 우리가 기억하듯 소쉬르가 라캉에 대해 "근대적 의미의 과학"(*E.*, 497)의 창시자가 된 것은 바로 논리적인 형식화와 바슐라르의 인식론을 통해서다. 여기서 상황은 복잡하다. 한편으로 어떠한 대수학도 만들지 않은 소쉬르는 논리적 의미의 모든 형식화에 대해 이방인처럼 남는다. 다른 한편으로 인식론이 모든 과학을 위해 "대수학의 구성적인 순간"에 독점적으로 연결되기에는 당연히 거리가 있다. 아주 엄밀하게 그것은 논리학의 경우만 해당된다. 그러나 논리학의 인식론은 논리학이 "대수학적인" 혹은 "상징적인" 것으로 지칭되는 엄밀히 최근의 근대적 시기에 논리학 자체와 뒤섞이는 속성을 지니고 있다.

그러므로 라캉은 이렇게 맞춘 수정 덕분에 자신의 문자의 과학을 논리학이 그 자신에게만 속하는 순환의 장소에 설치할 수 있었던 것 같다. 그리고 결국 그것이 어떤 식으로는 이러한 과학적인 창제라는 "논리"에 따라 진행된 것이다.[36]

결국 논리학을 도구처럼 활용하는 것이 문제는 아니다. 이러한 것은 그것의 급진성을 고려해볼 때 문자의 과학에 모든 문제를 다시 제기하는 것을 강제한다. 이 문제들은 다양한 경험론 혹은 논리실증주의가 정식화할 수 있었고, 라캉이 엄밀하게 그것을 반박한(*E*., 498) 그러한 "의미의 의미"라는 문제를 열면서 논리학을 진리로 확립되기 위해 그 자신 너머를 참조할 때 논리학이 제기하는 문제들이다.

그러므로 오히려 논리학을 그것의 자율적인 규범성에서 확인하는 것이 중요하다. 여기서 자신을 결정적인 것으로 만들기 위해 논리학은 헤겔의 제목을 따라 '논리에 대한 과학'처럼 스스로를 구성하거나, 라이프니츠가 소망했던 다음 '특징'으로 생산한다. 이 특징은 "그 자체가 의미적인 형상"[37]인 보편적인 글쓰기가 되어야 했던 것이다. 모든 경우에 근본적인 계획은 동일한데 기호(그것의 이중성, 그것의 불투명성)를 축소하는 것을 겨냥한다. 역설적으로 의미화의 놀이에 낯선 순수한 랑그 langue(말, 언어)라는 이상은 신성한 계산의 그것과 뒤섞이는데 후자는

---

36) 우리는 여기서 다른 모델, 실험적 과학의 창조라는 모델을 무시하려고 한다. 이 모델을 위해 라캉은 분석적 "경험"을 말할 때 자신의 텍스트 속에 약간의 정보들을 흘려놓았다. 외연적이라기보다 오히려 내포적인 이러한 정보들은 경험에 관한 과학적 개념의 전환에 연관될 것이다. 하지만 이 정보들은 좀더 오랫동안 그곳에 주의를 기울이기에는 너무 모호하고 지나치게 자주 "경험"에 대한 '경험적'인 권위에 호소한다.

37) *Nouveaux Essais*, IV, 6.2.—이러한 특징의 최초(그리고 마지막) 모델이 '배합적인 예술Art combinatoria'이라는 것을 상기할 필요가 있을까?

세계의 창조자인 'Φωνὴ σημαντική'(기호술, 의미를 붙이는 기술), 그리고 기호 자체의 수단이다.

아마도 라캉 자신은 오히려 이 논리학을 그것의 종결과 결정성의 실패 속에서, 또한 "괴델의 마지막 정리"[38]가 증명하는 "(과학의 주체)를 봉합하기 위한 노력의 난관" 속에서 인정할 것이다. 그런데 우리가 알고 있듯 이 정리는 아마도 그곳에서 자신의 완결성에 대한 한 "표시"가 "결여된" 논리가 이 결여를 형이상학적인 원천(혹은 궁지)처럼 전환해야만 하는 그러한 실패처럼 엄밀히 고려하거나——혹은 해석할——수 있다. 그 정리는 그것이 그러한 해석[39]에 맡겨지는 한에서 이러한 근대적 종류의 형이상학 논리일 것이다. 물론 우리는 여기서 논쟁을 하지는 않을 것이다. 이러한 해석——가장 "고전적"인 해석, 게다가 괴델 자신의 해석——이 또한 라캉의 해석이라는 것으로 충분하다. 다시 말해 라캉에 의해 상기된 논리학은 부정적 양상에서 "논리학의 과학 자체" 혹은 논리학의 심연의 "과학," 혹은 부재하는 신의 신성한 계산이기도 하다는 것이다.

그런데 이러한 논리학을 라캉이 단순히 받아들인 것은 아니다. 계산은 엄밀히 말해 라캉에게 가장 명백한 전환의 대상이다. 바로 이것에 관해서 라캉은 '전환'이라는 용어를 언급했는데, 우리는 이 용어에 기대었다.

"나는 약간의 불명예를 감내하는 것을 무릅쓰고 도대체 어디까지 수학적

---

38) "La science et la vérité," *E.*, 861.

39) 이것은 "Marque et manque: à propos du zéro," *Cahiers pour l'analyse*, n° 10에서 라캉의 작품에 있는 괴델의 정리에 대해 알랭 바디우가 연구한 분석 결과 중 하나이다. 우리 연구는 이 지점에서만 바디우의 연구와 조우하는데, 그것의 적절성을 아마 이런 식으로 강조할 것이다. 그런데 바디우의 논문은 전도된, 그러나 우리 논문과는 대칭적인 라캉 담론의 분석처럼 읽을 수 있다는 것을 주목하자. 이 대칭의 주름은 논리학에(혹은 과학에 대해) 제기된 질문과 텍스트에 제기한 질문 사이를 통과하는 그러한 것이다.

대수학 공식의 수정을 우리가 활용하기 위해 밀어붙였는지 제시했다. $\sqrt{-1}$[40]
이라는 기호, 혹은 복소수의 이론 속에서 i라고 쓰는 기호는 단지 그것의
나중의 활용에서 어떠한 자율성도 요구하지 않는다는 것 때문에 명백히
스스로를 정당화한다."[41]

그러므로 그가 말한 것에서 보듯 라캉의 논리학이 심각하지 않다는 것
은 명백하다. "사람들이 논리학 혹은 법이라고 부르는 것은 역사의 어
느 순간에 힘겹게 조정된 규칙들의 집합 이외의 다른 무엇이 아니다.
……그러므로 나는 이 규칙에 대해 대타자의 호의 이외의 어떠한 것도
희망하지 않으며, 만약 내가 그것을 좋다고 판단하거나 혹은 사람들이
나를 강제한다면 악의를 딴 데로 돌리기 위해서만 궁여지책으로 이 규칙
을 사용할 것이다."[42] 그리고 바로 이 때문에 은유와 환유에 대해 「문자
의 심급」이 주는 "적합함"의 정식들은 놀이와 꾸밈 사이에서 모든 대수
학 과정처럼, 그리고 그것이 발생시킬 수 있는 모든 계산처럼 취해야 하
며, 라캉 자신도 사람들이 놀이에 매달리는 것을 금하였다."[43]

그러나 일종의 논리적 패러디라는 이러한 규정은 유일하지도 않고 하
나의 뜻만 가지는 것도 아니다. 우선 라캉의 정식들은 변하며, 사람들이
그것을 볼 수 있었던 것처럼 외관상 「문자의 심급」의 모든 대수학적인
것이 가장 "심각한" 과학의 명목에 헌신하기 때문이다. 다음으로 비록
상황의 이유 때문에 패러디가 여기서 숨겨진다고 하더라도 다음을 물어
야 한다. 논리적인 것을 허용하고 그것에 대해 패러디를 요청하는 것은
엄밀히 말해 "논리에 대한" 부정적인 "과학" 아니겠는가? 부정적인 과

---

40) 이 기호는 (-1)과의 관계 속에서 시니피에를 가리키는데, 우리는 이미 이것을 다른 시니피앙
　　(은유적인 "뿌리"……) 속에서 결여의 시니피앙으로 인용했다.

41) "Subversion du sujet," *E.*, 821.

42) "La chose freudienne," *E.*, 431

43) "Subversion du sujet," *E.*, 819, 821과 「라디오포니」, p. 68을 참조하라.

학, 그러나 여전히 '논리적인' 과학인가?

이 질문에 대해 즉시 답하지 말자. 세번째 전략적 순간으로 오히려 다음을 고려하자. "과학의 조건들에 대한 성찰"(*E.*, 516)이 "우리 문제의 중심 지점에"(*E.*, 516) 이 "주체의 기능"을 그것의 "역사적 절정"에서 다시 한 번 생산한다는 의미에서 과학의 동기를 최소한 "심각하게" 간주해야 한다. 과학에 대한 철학의 창조에서—격조사의 두 가지 가치들, 그러니까 '과학이라는'의 의미와 '과학에 대한'의 의미에서—이제 멈춰야만 한다. 다시 말해 데카르트의 '코기토'에서 말이다.

우리는 이 '코기토'가 "근대인들에게 그토록 자기 존재를 확신하게 만드는 이 기적"(*E.*, 517)을 "철학적인 외양semblant philosophique"(*E.*, 516)의 자격으로 형상화함을 인정했다. 코기토는 저항하는 나르키소스로 프로이트적인 전복이 그 뿌리를 뽑았다. 프로이트적 전복은 본질적으로 다음과 같은 모호한 목적을 위해 그것을 했다. "나는 이 목적은 재병합, 동의, 화해에 속한다고 말할 것이다"(*E.*, 524). 라캉은 프로이트의 "Wo es war, soll Ich werden"을 이렇게 해설한다. 그런데 이러한 화해를 "인간이 직면하는 자기 자신에 대한 자기의 근본적인 탈중심성"(*E.*, 524)의 한복판에서 행해야 한다. 화해의 이러한 이중적 지위에 의해 데카르트를 이중적으로 취급하게 된다.

결국 '코기토'를 "규명하는" 데 "철학적 외양"을 사용하지 않았음에 틀림없기 때문이다. 놀이 밖에 놓이지 않는 주체가 오히려 놀이를 조정한다.

"왜냐하면 주체 개념은 근대적 의미에서 전략으로 과학의 관리에 불가결하며, 이 과학의 계산들은 모든 "주관론"을 배제한다"(*E.*, 516).

'코기토'의 실체성이 거부되었다 해도, 반대로 데카르트는 두 가지 특징을 통해 지지된다. 주체에 대한 '정확성ponctualité'과 계산으로서 과학에 대한 단호한——결정적이기도 한——관계가 그것이다. 데카르트의 『방법서설』에 대해 라캉은 이렇게 언급했다. 그러나 주지하듯 '코기토' 자체의 기초에서 수학을 통해, 그리고 수학 속에서 연결되는 주체를 발견하기 위해서는 우선 『규칙들*Regulae*』[44]을 읽는 것으로 충분하다. 여기서 '동시에' 배제하면서 '마찬가지로' 반복하는 것은 그러므로 어떤 식으로는 데카르트 자신, 그의 담론의 본질적인 연결이다.

여전히 더욱 흥미롭게——혹은 더욱 전략적으로——데카르트는 두 번 반복된다. 첫번째는 "프로이트가 자신의 이론 속에 그것을 들어가게 한 것"(*E*., 520)처럼 저항하는 '자아' 속에서, 두번째는 라캉이 "두 얼굴을 가진 신비"(*E*., 518)라고 명명한 것을 궁극적으로 구성하는 언표된 것 속에서 말이다. 그것을 우리는 이미 다음처럼 언급하였다. "내가 내 사유의 노리개가 되는 곳에서 나는 존재하지 않는다. 그리고 내가 존재한다고 생각하는 곳에서 나는 사유한다고 생각하지 않는다"(*E*., 517~18).

이러한 정식 속에서는 언표된 것이 정말로 문제가 된다는 것을 알 수 있다. 이 언표된 것이 주체를 이동시키고 쫓아내지만, 그럼에도 이 언표된 것은 역시 '나'의 언술 행위에 속한다. 그리고 이 언술 행위를 통해서 이 '나'는 어떤 확실성에 대한 지배권을 보존한다. 이 확실성은 그것의 내용에도 불구하고, "내가 생각한다"라는 언표적 확실성에게 아무것도 넘겨주지 않는 그런 것이다. 최후에는 여기서 '전환사'의 간격이 자신에 대해 스스로 간격을 둔다는 확실함을 통해 자신의 고유한 확실성에 달라붙는 주체에 대한 일종의 확증 같은 역할을 한다.

이 주체의 "근본적인 탈중심성"은 그러므로 데카르트에 대한 이 이중 관계에 따라 그 자체를 이해해야 한다. 주체는 여기서 원에 대하여, 혹은 주체성의 영역에 대하여 확실히 탈중심화되어 있다. 하지만 주체는

---

44) 이 지점에서 '코기토'에 대한 일반적인 헤설은 게루 혹은 하이데거의 것을 들 수 있다.

여기서 또한 하나의 '탈중심적인 것'이기도 하다. 다시 말해 "발동기 부품의 회전축이 중심을 차지하지 못한다는 그런 식으로 이해하는 메커니즘"(로베르 사전)이다. 그러므로 여하튼 주체는 이 '회전' 자체에 대해 '발동기'가 된다.

주체는 자신의 욕망에 의해 탈중심화되어 있다. 혹은 주체의 욕망은 단지 탈중심화하는 과정일 뿐이다. 우리가 이미 말한 것처럼 욕망에 대해 비록 익명이나마 텍스트 속에 개입하는 것은 이제 헤겔이다.

헤겔이라는 이 익명을 우리는 이 텍스트의 아버지에 대한 살해의 은유로 읽는 데까지는 가지 않을 것이다. 그런데도 곧 보겠지만 이중의 전략 행위가 그에 대해서 가장 큰 중요성을 취한다는 점을 볼 때 헤겔의 이름이 반드시 제거되어야 하는 것이 혹시 그의 과도한 근접성 때문이 아닌지에 대해 우리는 물음을 던져볼 것이다. 그러므로 헤겔은 또 다른 "이름"이자 텍스트 속에서 '지속되고' 그 이름에 대해 다시 말해야 하는 루소와 더불어 이러한 지위를 누릴 것이다.

사정이 어떠하든 라캉의 다른 텍스트들(그리고 이것은 수가 많기 때문에 우리는 몇 개만 인용할 것이다)[45]을 언급하면서 헤겔에 대해 「문자의

---

45) 『에크리』 담론의 철학적 해독을 위해 확실히 결정적인 헤겔과 라캉의 관계에 관한 역사를 살펴볼 필요가 있다. 그리고 이것은 자신을 헤겔주의라고 규정한 장 발에 반대한 아주 격렬한 라캉의 거부까지도 포함해야 한다("Subversion du sujet," *E.*, 804). 그러므로 이 텍스트에 대해 주의 깊은 독해를 할 필요가 있다.

비록 그것에 대해 독해를 할 장소가 아니지만, 아마도 그것이 최소한 다음을 강조하기는 하는 것 같다. 혹은 이러한 사실을 사람들이 기록할 수 있다. 즉 "라캉은…… 헤겔과 프로이트를 베껴 쓰는 것에만 만족했으므로 이것을 그토록 소문낼 만한 일이 아니다"(P. Trotignon, *l'Arc*, n˚ 30, p. 30). "이러한 사실"은 확실히 '소문'낼 만큼 중요하지 않다. 그러나 "베껴 쓰기" 속에서 아무것도 일어나지 않는다는 것 혹은 오직 단순한 것만 여기에서 일어난다는 것, 그것이 그토록 자명해 보이지는 않는다. 라캉은 독해할 때 만약 '이것,' 즉 베껴 쓰기가 문제가 되지 않는다면 독해를 가치 있게 생각하지 않았다. 다시 말해 다른 것들 중에서도 헤겔과 프로이트가 쓴 텍스트들의 사정이 어떠한지를 '또한' 알아보려는 질문이 만약 거기서 제기되지 않는다면 말이다(어디서부터, 어떻게 이 텍스트들은 통과되고, 이동하고, 왜곡되거나 전환되고, 동일한 것이나 게다가 재기록에 인도될 수 있는지—그리고 또한 어떤 수단으로, 어

심급」이라는 글이 함축하는 뜻을 밝히는 것이 가능하고 또 필요하다면 적어도 다음을 분명히 할 수 있다.

언제나 헤겔에 대한 언급 위에서 라캉 주체의 탈중심성이 제기되었다. 달리 말하자면, "존재에서 보편적인 것과 개체적인 것이 근본적으로 동일하다는 주장"이 그것으로 헤겔의 천재성은 여기에서 드러난다. 그런데 "정신분석학은 …… 이러한 동일성이 주체의 분리처럼 실현되는 그런 구조를 드러내면서 자신의 패러다임을 여기에 덧붙인다."[46]

앞의 정식은 여기서 문제가 되는 헤겔에 대한 이중 관계를 잘 드러내준다. 결국 의식에 대한 헤겔의 변증법이 정신분석학의 "주체"속에서 예시적으로 완성됨을 보여주기 위해 이 정식을 만들었다. 동시에 이 정식이 종국적으로 공표하는 것——주체의 분리——은 헤겔의 변증법을 깨뜨리기 위해서 혹은 오히려 그 완성 전에 흐름을 중단하기 위해서 만들어졌다.

실제로 라캉이 헤겔에 대해, 즉 이러한 "논리화하는 지양"[47]에 대해 거절하는 것이 이 '전체화totalisation'다. 이 지양에 따르면 "진리는 그것이 갖는 혼란된 요소 속에서 항구적으로 흡수되고 있다."[48] 그리고 결론적으로 여기에서 "의식의 불행은 …… 여전히 지식에 대한 중단일 뿐이다."[49] 지식이란 절대적 지식으로 시니피앙의 주체에 대해서 단지 배제할 수 있을 뿐이다.

그럼에도 불구하고 인용된 첫번째 정식이 제시하는 것처럼, 헤겔의 변증법에서 출발해야만 한다. '심급' 속에서 "인정의 욕망과 욕망의 인정"(*E.*, 524)을 묶는 매듭을 낳는 것이 바로 이 변증법이다. 라캉은 예

떤 경로를 통해서 이 텍스트들은 오늘날에도 여전히 주의를 기울이게 하는 이러저러한 독해를 프로그램화하는지 혹은 하지 않는지 등).

46) "Fonction et champ de la parole," *E.*, 292.

47) "Subversion du sujet," *E.*, 795.

48) 같은 글, *E.*, 797.

49) 같은 글, *E.*, 799.

전에 이 표현을 일부러 헤겔에게 귀속시켰다.[50] 그리고 그것에 도달해야 하는 곳이, 혹은 오히려 머물러야 할 곳이 바로 변증법이다. 만약 "우리 경험을 지탱해주는 변증법이 …… 우리로 하여금 헤겔의 현상학 속에서 자기의식이 구성되는 곳인 점진적인 소외의 운동 속에서 처음부터 끝까지 자아를 이해하도록 강요한다면"[51] 말이다. 주체의 공정에 대한 법칙은 언제나 "문자 그대로" 헤겔의 용어로 정식화한다. 이처럼 "주체의 전복과 프로이트식 무의식 속에서 욕망의 변증법"이라는 제목이 붙은 텍스트는 우리 텍스트의 (비)연결 속에서 나타나는 진리에 대한 욕망의 예속을 최소한 하나의 양상 아래 분명히 하는 다음과 같은 구절로 끝을 맺는다. "거세가 의미하는 것은 그것이 욕망 법칙의 전도된 사다리에 도달할 수 있기 위해서는 주이상스를 거절해야만 한다는 것이다."[52]

프로이트가 변증법을 유예한 것이나 혹은 완성 없이 계속되는 변형된 변증법처럼 헤겔을 읽는 것은 마찬가지임을 우리는 살펴보게 될 것이다. 혹은 좀더 엄밀하게 그것은 소외, 부정성의 동일한 공정이며, 단순히 (만약 그렇게 말할 수 있다면) 절대자에 대한 참조로 이해해서는 안 되고, 오히려 대타자에 대한 참조로 이해해야 한다.

이런 식으로 변증법은 「문자의 심급」 자체에 침투할 수 있다. 변증법은 이 텍스트에서 경험의 의미를 "언어에 관련된 분석"(*E.*, 509)의 의미로 살짝 바꾸면서 프로이트가 말하는 "이해력"을 "경험으로" 규정한다.(*E.*, 509). 변증법은 무의식의 형성물에다 "그것들의 가장 내밀한 성향"(*E.*, 513)을 부여한다. 변증법은 결국 "복귀의 변증법"으로, 이로부터 "프로이트는 대상에 대한 모든 접근이 파생되도록 하였다"(*E.*, 519).

이러한 상황이 엄격하게 헤겔적이든 아니든(그리고 만약 라캉이 개념

---

50) "Propos sur la causalité psychique," *E.*, 181 참조.
51) "Introduction au commentaire de Jean Hyppolite," *E.*, 374.
52) *E.*, 827.

의 전개를 거부하거나 그것을 회피한다면 어떻게 그것을 규정할 것인가),
헤겔의 기표는 텍스트 속으로 옮겨지고, 헤겔의 기의는 만약 그것이 미
끄러진다면 결국은 524쪽에서 세 번이나 반복되는 '중재' 속에서 구두점
을 찍게 된다. 이 중재란 아주 엄격하게 헤겔적이다. 왜냐하면 이러한
"정신분석의 중재"는 "나 자신과 나의 고유한 분열에 대해 중재의 위치
에 있는" 대타자의 사태이기 때문이다.[53]

아마도 이 누빔점은 그것을 동반하고, 그것이 524쪽과 525쪽에 나오
는 "타율성"이라는 또 다른 시니피앙 속에서 최소한 그 스스로 폐기될
것이다. 이 용어는 자신의 차례가 되면 그것에 가까운 바타유의 "이종
성hétérologie"에 연관된다.[54] 헤겔을 전복시키는 어떤 반복이 어디로부
터 라캉의 텍스트 속에 우회적으로 들어왔는지 알 수 없다. 라캉에게서
'불가능'이 개입하는 모든 지점에서처럼 여기서 바타유의 전략은 "문자"
에 대한 전략에 낯설지 않을 것이다. 그러나 모든 것에도 불구하고 라캉
에 의한 이러한 중재의 유지는 부족하다. 이 중재는 우리가 텍스트로부
터 헤겔의 이름보다 여전히 더 묻혀 있는 이름을 끌어내려는 목적으로
단순히 제기하고 인정한 그런 것이다.

변증법적 중재를 유지하는 것—혹은 이 텍스트 속에서 변증법적인
어떤 '유지'를 하려고 하는 것—은 결국 다음과 같은 질문을 던지도록
강요한다. "대타자"인 "저 너머"(*E.*, 524)는 근본적으로는 헤겔의 욕망
속에서 제시되는 '타자'와는 다른 타자인가? 헤겔에게서 의식이 자신의
만족을 위해 욕망하는 제거는 "타자 또한 존재하기 마련이다"는 사실을
함축한다는 것을 발견할 때 그에게는 다음이 나타난다. "결국 욕망의

---

53) 바로 여기서부터 아마도 518쪽에서 다뤄진 무의식의 "직접성immédiat"을 이해해야 한다. 헤
겔의 "감각적 확실성"에 대해 참조할 수 있다.

54) 그러나 만약 바타유가 '비정통성hétérodoxie'이란 말을 그것이 '정통성orthodoxie'에 호소하
기 때문에 멀리 한 것처럼, '타율성hétéronomie'이란 단어도 선택하지 않았다면 그것은 우연
이 아니다(*O. C.*, II, n. 12, p. 424). 이것은 아마 바타유와 라캉을 분리하는 것에 대한 단
순한 지표가 될 것이다.

본질은 자기의식이 아닌 또 하나의 타자이다."[55] 이러한 이타성(물론 인류학의 영역에서 그것을 해석하지 않도록 조심해야만 한다)이 그렇게 말할 수 있다면 주이상스의 구조를 지배한다.

"주이상스에 도달한 욕망(Lust)은 물론 객관화된 자기의식으로 자기 자신에 대한 확실성에 도달하는 긍정적인 의미화를 갖는다. 그러나 그것은 또한 부정적인 의미화도 갖는데, 이는 '자기 자신'이 제거된 존재의 의미화이며…… 이 경험 속에서 현실은 그 자신의 무화를 목격하는 자기의식에 의해 실질적으로 영향을 받는 현실이다."[56]

물론 여전히 여기서 모든 우회로를 당연히 주파해야 하기 때문에 라캉은 결국 이 공정을 끝에 도달하게 만드는 절대적 지식에 반대할 것이다. 그런데 만약 "프로이트가 그의 발견을 통해 대상과 그것의 한계를 표시하는 것처럼 보이는 존재 사이의 경계를 과학이라는 원의 내부에 들어가게 했다면"(*E.*, 527) 절대적 지식과 유사성이 있으며, 결론적으로 문자의 과학에 라캉이 부여한 정식은 바로 엄밀히 말해 헤겔적 정식이 아닌가.

그 정식이 스스로 언급하도록 놓아두자. 그러므로 라캉에 의한 헤겔의 변용은 우선 최소한 욕망의(그리고, 그러므로 지식의) 변증법을 부정적인 담론 속으로 가져오는 방향 전환에서 성립한다. 라캉의 변증법이 이처럼 대타자에 의한 부재와 분열의 토대 위에서 주체의 항구적인 탈전유화를 지배한다면, 바로 여기서 헤겔의 변증법은 타자성의 현존과 해소의 토대 위에서 전유의 공정을 지배한다. 우리가 그것을 볼 수 있었던 것처럼 이 변증법의 '끝'은 그럼에도 불구하고 라캉에게는 "재병합과 일치"(*E.*, 524)로 남는다. 그리고 그 변증법의 원리는 바로 헤겔에게 그러한 목적에 부합되는 것, 즉 중재, 그리고, 그러므로 '지양'이다. 결론적으로, 그리고 아마도 특히, 헤겔에게 의식의 형상의(혹은 더 간단히 말한

---

55) *Phénoménologie de l'esprit*, Hyppolite(trans.), I, pp. 152~53.
56) 같은 책, p. 299.

다면, 이것은 '무의식적' 공정에 대한 질문이다) 발전이 그것으로부터 실행되는 긍정적인 전환을 거부하는 것처럼 보이는 하나의 부정성이 라캉이 말하는 이 원리에 영향을 미친다면, 모두가 익히 아는 것처럼 그러한 규정성은 이 원리가 언제나 다음을 물어보는 것이 가능하고 필요하다는 사실을 방해하지 않을 것이다. 즉 이 부정적 담론이 헤겔에 의해 이미 '권고되지' 않았는지, 그리고 헤겔의 담론 속에서 이미 '이해되지' 않았는지 하는 질문 말이다. 만약에 반대로 헤겔의 변증법 속에서 부정성의 담론적인 지위가 결정되는 것이 사실이라면 헤겔의 담론은 그것에서 간단한 부정성도 전혀 피할 수 없을 것이다.[57)

그런데 헤겔도 마찬가지로 자신이 차례가 되면 그 자신의 너머로 떠밀려간다. 대타자의 중재는 말의 계약(E., 524)으로 미끄러지기에, 사람들이 말하는 것처럼 이제 우리가 관계할 사람은 바로 루소이다.

루소에 대해서 우리는 라캉이 단절시킨 언어의 선행성과 관계된 어려움을 볼 수 있었다. 이와 동시에 다음을 첨가해야만 한다. 계약은 원리 혹은 '기원'이라는 위치 속에 지정되는데, 이 기원 역시 정치적 계획과 근본적인 이상성 사이에서 '사회 계약'을 유지하는 항구적인 동요와 대조된다(루소가 『사회계약론』의 앞부분에서 역사, 즉 그에게는 기원을 묘사하는 데 무능함을 고백한 것은 잘 알려져 있다).

만약 계약의 동기가 기원의 단순성을 질문에 부치는──혹은 최소한 유예하는──하나의 방식이라면, 라캉 자신도 이렇게 다시 읽은 루소(그러나 이에 대한 어떠한 특징도 라캉은 명백히 설명하지 않는다)와 형이상

---

57) 게다가 라캉이 오늘날 다양한 영역에서 활성화되고 있는 "주체 없는 공정"으로(1844년의 『경철수고』에서) 헤겔을 읽는 마르크스의 해석에 도움을 청하지 않았다는 사실에 깜짝 놀랄 것이다. 라캉은 이 '공정'이 이미 그 자체로 '주체'라는 것을 너무 잘 알지 않았는지? 아니면 반대로 '주체'에 의해 매혹된 이 지점에서 라캉은 그가 헤겔로부터 거리를 두려고 시도할 때 붙잡아두어야 하는 그러한 것을 보지 못했는지?

학적 계약주의처럼 이해되는 루소주의 사이에서 동요한다는 것을 말해
야만 한다.

　그런데 이 계약은 "기표적인 협약"(*E.*, 525)이다. 그러므로 기호의 이
론 속에서 루소에 관계되는 행위가 여전히 반복된다. 그렇게 말할 수 있
다면 "언어의 기원"은 라캉이 보기에 "우리 존재의 핵"(*E.*, 526)에 관련
되는데, 이 표현은 라캉이 프로이트로부터 재차용했으며 무의식의 수사
학이 그 존재를 "증언한다"(*E.*, 526). 이 수사학은 첫번째 것인데, 왜냐
하면 이것의 뒤에는 '수사학' 혹은 '전의법'의 자격으로 그것을 구성하거
나 창조하는 여전히 접근 불가능하게 남아 있는 어떤 '특성'이 있기 때문
이다. "이것…… 나의 존재를 만드는 이것"은 "인식의 대상이 될 수 있
는 그런 것"(*E.*, 526)이 아니다.

　그리고 이처럼 라캉의 전략은 기호의 형이상학 이론에 대한 하나의 작
업 속에서 절정에 도달한다. 유아적 언어이자 감정적 언어로서 억압된
언어를 은유화하는 라캉의 경구들을 상기해보자. 그리고 루소를 인용해
보자. "그러므로 욕구들이 최초의 행위들을 부추기고, 열정이 최초의
목소리를 끌어낸다는 사실을 믿어야 한다."[58] 마찬가지로 라캉의 경구가
은유화하는 것은 '또한' 루소의 텍스트일 수도 있다.

　물론 라캉이 파괴한 기호가 그것의 지시대상과 속성을 잃어버렸다는
사실은 제외하고 말이다. 혹은 오히려 기호의 고유성은 하나의 구멍만
을 (스스로에게) 지시하는 고유성이 되었다고 할 수 있다. 그런데 참조
자체의 고유성 혹은 참조의 원리의 고유성이 그렇다고 훼손되는가? 아
무것도 확실하지 않다. 반대로 계약주의의 변환 속에서 "언어들의 기원
에 관한 시론" "대타자(의) 원래적 언어에 대한 논구"[59] 같은 것 대신에

---

58) *Essais sur l'origine des langues*, Ducros, p. 141.

59) 만약 우리가 여기서 '실재'에 대한, 즉 이 불가능하지만 궁극적으로 주체와 주체의 욕망과 의
　　미작용에 관계하는 그런 '실재'에 대한 라캉의 이론을 검토할 수 있다면, 이러한 논구가 좀더
　　선명하게 규명될 수 있을 것이다. 그러나 그것은 다른 텍스트들, 예를 들어 「장 이폴리트의
　　해설에 대한 답변」 같은 텍스트를 언급하는 것이다.

전도된 "루소주의"처럼 어떤 것을 해독하는 것도 보게 된다.

이 마지막 작업과 더불어 우리는 이 모든 경로의 성과물들을 모을 수 있다. 이 경로를 따라 과학적 혹은 철학적 심급으로부터 또 다른 심급으로 계속되는 차용과 미끄러짐을 통해 라캉은 자신만의 문자의 조합을 생산한다. 구멍에 대한 언급의 모호한 관계는 그것에 문자의 구조를 준다.

구멍 속에 있고 사라진 신이 계산한 주체는 탈중심화된 선회를 통해 순환한다. 탈중심화된 이 선회는 자기 과학의 순환, 즉 구멍을 지시하는 말의 계약을 통해 쪼개진 주체 욕망의 부정적인 변증법의 순환을 묘사한다. 이러한 것이 조합"이다."

그러한 것이 "존재론적 위엄"(*E.*, 513)에 대한 "척도"를 부여하는 장치로, 먼저 (라캉에 따르면) 프로이트, 그 후 라캉 자신이 이 척도를 부여할 줄 알았고, 그 뒤로는 '무의식 속에서 문자의 심급' 자체인 이 "대상"에서 보존한다.

전략이 형이상학적 존재론의 중대한 역사 속에서 그 존재론을 결합하기 위해 그 많은 요소를 추출하는 것을 본 후 사람들이 기대할 수 있었던 것처럼 결국 이것은 하나의 존재론과 관계가 있다. 형이상학적 존재론의 모든 본질적 특징은 여기서 조합의 발전된 정식이 하나의 존재-신학-기호-론(onto-théo-sémio-logie)이라는 정식이 될 수 있는 지점에서 강조된다.

확실히 '부정적' 존재론이 문제이다. 이 존재론의 중심을 지시하는 것은——그리고 그것의 주변을 정돈하는 것은——하나의 구멍으로, 이 구멍과 마주하여 "눈을 가져야"(*E.*, 500) 한다. 그런데 이 구멍의 윤곽은 그렇지만 하나의 존재론, 즉 이 존재론의 여정이다. 라캉 자신이 엄밀히 말해 '심급'을 상기하면서 말한 것처럼[60] 이러한 존재론 속에서 "존재"가 결여된 '문자'가 "지식 속에서 구멍의 가장자리"를 "그린다."

하나의 틈 위에서 펼쳐진—— 그리고 창조된, 다시 말해 또한 불가피하게 닫힌—— 하나의 존재론은 그것의 토대를 감추지만 그것의 윤곽을 포착하도록 둔다. 이러한 것은 예가 없는 것이 아니라 반대로 형이상학적 전통 속에서 특히 "부정신학"의 형태로 존재했다. 최소한 그것이 체계와 조합의 전략 속에서 발휘되는 라캉 전략의 궁극적 효과는 이처럼 놀랍지만 엄격한 부정신학의 반복, 즉 그 자신도 여전히 되풀이되고 벌써 이동하는 헤겔의 반복일 것이다.[61] 그러나 헤겔과 더불어 우리는 여전히 바타유 가까이 가야 할 것이다. 단지 엄밀히 말해 다음을 강조해야 하는 것은 제외하고 말이다. 즉 라캉의 '무신론'은 우리가 방금 살펴본 그대로 그것의 생산 공정에 부합하여 자신의 전략적인 모호함 안에 형이상학적인 수식을 보존할 것이며, 이런 식으로 그것은 "부정적인 무신론"일 것이다.

만약 개념들을 헤아려야 한다면, 중복된 부정은 우리를 다시 헤겔로 이끌 것이다. 그리고 '읽는 것'이 관건이라면, 부정신학을 바타유식의 "무신론," 즉 글쓰기의 차이인 무신론으로부터 구별해주는 것을 독해해야 한다. 그러나 여전히 아주 약간의 시간 동안만 라캉 텍스트의 '담론적' 글쓰기에 머물자.

---

60) "Lituraterre," *Littérature*, n° 3, p. 5.

61) 다시 말해, 그것은 "기독교적"이든 "무신론적"이든 결국 '사변Theoria'인 이러한 신학으로부터 구별되는 하나의 분과로서 아마 라캉이 Dio-logie로 명명했던 것이다. Dio-logie는 엄밀하게 부정신학 혹은 신비한 것을 지시한다. "Dio-logie에 대해서 보자면…… 그것의 조상들은 모세로부터 제임스 조이스에 이르기까지 대스승 에카르트를 거치면서 층을 이룬다. 이 학문에 대해 자신의 자리가 최고임을 보인 사람은 여전히 프로이트인 것 같다." 프로이트의 자리는 라캉이 보기에 "모든 단계에서 되찾아야만 하는 결여를 포함하는 이론" 속에 존재한다 ("La méprise du sujet supposé savoir," *Scilicet*, n° 1, pp. 39~40). 그러므로 그중에서도 특히 "아버지의 이름"(p. 39)에 대한 문제, 즉 생탄 병원에서 쫓겨난 이후 라캉이 자신의 세미나에서 무기한으로 설명을 미루기를 원했던 그 문제 속에서 "신-아버지의 이 자리"를 지시하는 이 텍스트 전체를 읽어야만 할 것이다.

그러므로 우리는 여기로부터 이 경로를 열게 될 이중의 목표로 돌아온다. 우리는 라캉의 전략이 체계를 극단화하는 것을 본다. 이 체계는 단순히 하나의 도식이 형상화하기를 시도할 수 있는 준거들에 의해 둘러싸인 채 닫힌 그런 장이 아니다. 체계는 가장 은밀하고 가장 근본적인 하나의 닫힘(그리고 이 닫힘에 조합이 의존한다)을 구성하는 조합을 통하여 담론에 대한 가장 결정적인 철학적 요구를(철학적 의지 혹은 욕망을) 반복하는 것이다. 이 요구란 체계에 대한 열망 혹은 체계성에 의해 실행되는 강제로, 이것들은 자기를 통해 전적으로 창조되고 연결되는 하나의 로고스에 대한 탐구를 드러내고, 담론처럼 자기를 전유하려는 자기에 대한 의지(비록 이 "자아"의 정체성은 계속해서 상상계와 시니피에의 미끄러짐 속에서 소멸되기를 멈추지 않겠지만 말이다)를 표현한다.

어떤 식으로는 이 모든 전략을 조직하는 이중성이 담론의 이러한 분열——이것은 그러므로 형이상학이라는 담론의 반복이며, 이것을 통해 철학은 언제나 그에게 고유한 언어 속에서 형이상학(담론)의 고유한 개념이 되기를 원한다——에서 스스로를 조직화한다.

여기서 이 개념은 바로 "존재"이다. 그러나 이 언어, 그것은 문자가 구성하는 언어——구멍 뚫린 언어로 존재를 분할한다. 그리고 우리가 알고 있듯이 이 언어는 스스로를 생산하기 위해 자기 담론의 주요한 용어들을 조합할 필요가 있을 때 하나의 (비)연결 속에서 언급될 뿐이다. (비)연결은 그러므로 또한 우리가 그것을 (다시) 연결할 수 있다고 믿은 이 새로운 존재론의 특이한 체제이기도 하다. 그리고 이를 통해 즉각 라캉의 형이상학 담론은 자신을 벗어난 곳으로, 그 내부에 이 담론도 엄격히 등록된 존재론적 닫힘을 벗어난 곳으로 스스로를 던진다. 지금은 적어도 그러한 욕망을 전개하는 것을 고려해야 하는 때이다.

왜냐하면 문자, 그것은 프로이트의 문자, 즉 철학 전체에 대하여 "전복적인"(*E*., 517) 하나의 힘을 지닌 문자이다. 그리고 존재, 그것은 하이데거의 존재, 즉 존재론의 파괴Destruktion(혹은 이 용어의 독일어의 의미를 따르자면 해체)라는 기획의 존재이다.

그러므로 여전히 존재론 밖에 있는 이 이중적인 것을 향해 밀려가거나 혹은 미끄러져야 한다. 그것이 순환적으로 우리 도식의 재독을—지금 까지 보류된 채 남겨져 있었다—프로이트와 하이데거의 이름에 고정 하면서 완성하는 것에 관계하지 않는다면 말이다.

이중성이 반복된다. 전략은 완성되지 않았다. 아마도 전략은 이제 단 지 시작되었을 뿐이다. 결국 우리는 그것의 '진리'……에 대해 아무것 도 말하지 못한 것이다.

3. '승인된' 진리

……지금 라캉의 전략에 대해 "전체적인 진리"를 드러내는 게 문제는 아니다. 계획은 그 자체로는 아주 순진할 것이고, 그것이 실현될 수 있다고 믿는다면 이 계획은 우리가 이 작업에 부과한 한계를 여하튼 초과하는 『에크리』의 전체 속에서 (혹은 다른 곳에서조차도) 최소한 그러한 전환을 필요로 한다.

그러나 그렇게 말했듯이(다시 말했듯이) 우리 독해는 이 텍스트의 구조를 될 수 있는 한 가장 가까이 따라가면서, 이미 두 차례나 하이데거의 이름으로 우리를 인도하였다. 더구나 여기서 '강요된' 것은 아무것도 없는데, 왜냐하면 만약 기원이라는 표시를 대신하고 그것의 비밀에 대해 약간 허세적인 명백함 속에 의미의 명명 불가능성[62]을 봉인하고——

---

62) "*T. t. v. m. u. p. t.* 1957년 5월 14~26일"(*E.*, 528). 구두점이 찍힌 이 일련의 문자들은 절차를 가능한 한 더 정확하게 강화한다. 이 절차를 통해 라캉은 언어의 거친 패러디 속에서 "자기 메시지의 순수성을 끌어내기" 위해 「말의 기능과 장」의 경구를 이미 "간단하게 만든다"(*E.*, 237과 299). 다른 곳처럼 여기서도 "알려지지 않은 언어로 기록된" 텍스트는 두 아이의 우화에서와 마찬가지로 "의미화를 떠맡을" "준비가" 되어 있다는 것을 이해할 필요가 있다(*E.*, 504).

감추는 수수께끼 같은 불충분한 등록을 제외한다면, 결국 텍스트는 그 마지막 줄까지 하이데거에 연관된 주제가 지배하는 한 페이지 전체에서 완성되고 종결한다. 다시 말해 우리가 알고 있듯이 '진리'에 관한──진리의 존재에 관한, 그리고 존재의 진리에 관한──질문을 통해서 말이다.

그러므로 이젠 좀더 엄밀하게 하이데거의 이러한 '위치'에 질문을 던져야 할 시간이다.

왜냐하면 우선 하이데거의 어떤 '위치'가 그야말로 관건이기 때문이다. 이것은 순수한 상기, 혹은 바꾸어 표현하면 순수한 "호출"이다. 그런데 하나의 활용, 즉 하나의 독해와 유사한 것이 겉보기에는 아무것도 없다. 결국 "존재자 속의 인간"(*E*., 527)이라는 하이데거식 철학소[63]를 상기한 직후 만약 라캉이 부정적으로 "하이데거주의"라고 부르는 것에서 모든 교의적인 참조를 배제한다면, 그것은 라캉이 선언하는 것과는 반대로 아주 즉각적으로 착수해야 하는(혹은 그렇게 할 수 있는) 어떤 "반성"의 명목 때문이 아니라 단순히 하이데거의 이름을 설정하기 위해서 그런 것이다. 즉 우리가 그에 대해 "말해야"만 하는 사람으로서 하이데거 자신인데, 왜냐하면 다음처럼 예를 들어 말하는 사람이 하이데거이기 때문이다.

"내가 하이데거에 대해 말할 때, 혹은 오히려 내가 그를 번역할 때, 나는 하이데거가 큰 소리로 발화하는 말이 그것의 우월한 의미작용을 할 수 있도록 도우려고 노력한다"(*E*., 528).

이러한 선언이 『정신분석』(1956) 첫번째 권에 수록된 '로고스'[64]라는

---

63) (옮긴이) '철학소philosophème'란 단어는 라캉이 언급하는 '수학소mathème'를 다시 패러디한 것으로 이 책의 저자들이 만든 용어이다.

제목이 붙은 하이데거의 텍스트에 대한 라캉의 번역을 아주 단순히 지시한다는 것은 사실이다. 이러한 번역과 출판은 더구나 그것 자체에서는 (그리고 이 장소에서는) 하찮은 것도, 무시할 수 있는 것도 아니다. 그러나 특히 중요한 것은——이것은 가장 최소한의 것으로 우리가 말할 수 있는 것이다——텍스트가 상세하게 생산하려고 하는 것이 바로 이러한 '의미작용'이라는 것이다. 이 의미작용은 하이데거의 "주권" 속에서 갑자기 풀려난 것이며, 이른바 하이데거의 "말"에 속하는 것이다. 핵심 근거가 되는 텍스트로 주제가 낯설게 이동함. 이것은 분명히 이 말을 '읽으려' 하지 않거나, 그것을 읽는 것을 피하고 거절하는 하나의 방식인 것 같다. (그런데 '말'을 또한 '읽을 수 있지 않은가'?)[65] 마찬가지로 여기에 전광석화와 같은 방식으로 하나의 면에서 다른 면으로 이처럼 지나가는, 그리고 다른 사상에 대한 그토록 순수한 하나의 원용 속에 있는 의미작용의 모든 어려움을 "기적적으로" 해결하는 어떤 경솔함(혹은 지나친 능숙함)이 있다고 말할 수도 있을 것이다. 그런데 만약 여기에 이런 장르의 운동에 속하는 어떤 것이 정말로 있다면, 그리고 여하튼 (여기서 이 텍스트의 '지연된 것' 전체가 멈추고 고정되는) 완성, 해결이 관건이라면, 어떤 것도 마찬가지로 이것이——아마도 마지막으로, 그리고 마치 역설적으로 그 토대를 건드린 것처럼——이러한 '미장아빔'의 필연적 반복이라는 것을 방해하지 못한다. '미장아빔'은 우리가 보았듯이 그것의

---

64) 이것에 대해 1958년에 갈리마르 출판사에서 펴낸 『시론과 강연*Essais et Conférences*』에 수록된 앙드레 프레오André Préau의 번역도 읽어볼 수 있을 것이다.

65) 만약 하이데거를 「문자의 심급」에서 읽지 않았다면, 혹은 사람들이 생각하는 것처럼 이 동일한 텍스트 "Logos"의 어떤 참조를 통해 하이데거의 생각이 글쓰기를 지배하지 않았다면 그렇다는 것이다. 말하자면 우리가 이미 의미작용이 횡선을 넘는다고 '이해한' 소쉬르의 나무에 대한 기표적인 분해(*E.*, 504)는 "언어의 Εν Πάντα'(정확한 번호 1) 속에서 존재의 느린 성숙"이라는 요청으로 완성되지 않는다. 이 정식 속에서 우리는 결국 헤라클레이토스에 대한 하이데거의 해석과 연구의 여운을 인정할 수 있지 않은가?(특히 *Essais et Conférences*, pp. 226~71) 그러므로 만약 우리가 감히 이러한 표현을 한다면 아마 하이데거는 이미 나무 속에 숨어 있다……

구조와 가장 현저한 효과 속에서 라캉 텍스트 전체를 지배한다. 이 경우에 라캉 텍스트는 결국 마지막에는 긴 환유 사슬의 음모처럼 나타날 것이고, 하이데거는 이 사슬의 마지막 '이름'일 것이고, 로고스는 마지막 '단어' 혹은 달리 표현하면 '주인-단어'일 것이다.

그리고 바로 이러한 이유 때문에 여기서 참고문헌을 '로고스'라는 텍스트—그리고 그것의 번역—에 연결해야 한다는 것을 간과해서는 안 된다. 다시 말해 참고문헌은 결국—비록 암묵적으로 혹은 암시를 통해서이긴 해도—로고스와 번역의 '개념들'에 연관된다. 왜냐하면 의미작용 자체는 서로가 서로에게 낯설지 않을 것이기 때문이다. 의미작용을 좀더 정확하게는 이러한 로고스가 번역의 개념들과 언제나 유지하는 수수께끼 같은 관계로부터만 생각할 수 있을 것이다. 좀더 많은 조심성 없이 로고스의 문제(좀더 단순히 말하자면 존재의 문제와 의미의 문제 혹은 의미로서 존재의 문제)를 언제나 교환, 동등함, 적합함의 일반적인 구조 속에서—게다가 겉으로 보이는 것만큼 단순하지는 않은 더 복잡한 번역 가능함과 번역 불가능함의, 그리고 명료함과 장애물이라는 일종의 체계 속에서—이해했다고 주장하는 것은 아마 너무 섣부른 행동일 것이다. 그렇지만 지금으로서는 최소한 다음을 상기할 수 있다. 그것의 고유한 구조에 관한 근본적인 질문의 하나처럼 하이데거 텍스트 전체를 가로지르는 것이 '바로' 이 번역의 문제라는 것이다. 그런데 이것은 다음으로 틀림없이 라캉에 의한 '로고스' 번역을 의미하는데 그것은 마치 사람들이 그렇게 의심하듯이 '로고스' 전체가 번역(자체)에 의한 문제(자체)에 몰두한 텍스트 중 하나이기 때문이다. 그런데 주지하듯 하이데거로 하여금 한편으로는 단어 자체의 번역을 분쇄하도록 강요하고(게다가 그것은 헤라클레이토스의 말을 권위로 삼는데, 출발점부터 이 말을 번역하는 것이 실제로 관건이다), 또 한편으로는 특히 번역되지 않는 단어를 그저 내버려둔 채 이러한 무효화와 이러한 분쇄를 중립화하도록 강요하는 것이 엄밀하게는 바로 (그것의 양가성 속에 있는) 이 문제이다. 결과적으로 라캉이 "그것의 최고의 의미화"를 하이데거의 "말에 맡길" 때, 그는 마찬가지로 이러한 중단 상태를 번역으로부터 보존한다. 번역하는 것은 번역 불가능한 것을 번역한다는 것이다. 혹은 경로의 끝에서 이처럼 하이데거의 텍스트로부터 다시 취한 번역은 결정적으로(절대적으로?) 번역 불가능함 위에 로고스를 세운다는 사실을 최소한 가정해야만 한다. 게다가 이 두번째 양가성을 존중하기 위해 우리는 이제 하이데거의 (비)번역에 대해 말할 것이다.

그런데 번역은 또한 프로이트에 대해서도 행해야 하는 작업이다. 더욱이 이것은 우리가 기억하듯 '꿈의 해석Traumdeutung'을 '꿈의 의미작용Signifiance du rêve'(*E.*, 510)으로 바꾸면서 시작한다. 물론 하이데거의 텍스트에 관해서 그랬듯이 여기서는 우선 독일어를 통해 번역한다는 말이다. 그러나 주지하듯 이러한 행동의 명백한(혹은 상관적인) 순진함 속에 결국 우리가 텍스트의 (비)연결성이라고 부를 수 있었던 것의 모든 어려움이 자리를 잡는다. 이 어려움은 언어학적인 개념성 속에서 (이것 자체가 이미 프로이트가 연구한) 지금 고려하는 프로이트에 관계된 개념성 전체를 결국 번역해야만 하는 것으로 귀착된다. 그런데 예를 들어 '로고스' 속에서(그리고 다른 곳에서[66]) 작용하는 "그리스어로 그리스어를 번역하는" 것을 고집한다면 번역의 이러한 실행은 실제로 그것의 순환성 자체 속에서 번역에 대해 하이데거가 실천한 *mutatis mutandis*(필요

---

[66] 이것에 대해 다른 무엇보다 특히 파르메니데스를 다루는 「사유를 무엇이라고 불러야 하나? Qu'appelle-t-on penser?」 강의에서 "이론적인" 긴 정당화(혹은 선택에 따라 긴 "성찰")를 찾을 수 있다. 예를 들어 이 텍스트에서 다음을 보자. "사유를 요청하는 이것에 걸리는 질문은 ἐόν ἔμμεναι(그의 존재)라는 단어의 번역을 우리 몫으로 부과한다. 그러나 이 단어들은 오래전부터 라틴어 ens와 esse, 프랑스어로는 "존재자étant"와 "존재être"로 번역하지 않았나? 결국 ἐόν ἔμμεναι를 라틴어나 프랑스어로 번역하는 것은 불필요하다. 그러나 우리가 최종적으로 이 단어들을 그리스어로 번역하는 것은 필요하다. 그러한 번역은 이 단어들 속에서 표현되는 것에 대한 치환된 표현(TRA-duction)처럼만 가능하다. 이러한 번역은 하나의 비약을 통해서만 성공이 가능하다. 이 비약은 그곳에서 한순간에 ἐόν ἔμμεναι가 의미하는 그것을 그리스인들의 방식대로 듣는 그러한 종류의 비약이다"〔Becker Granel(trans.), PUF, 1960. p. 213〕.

한 부분만 약간 수정함)만을 되풀이한다. 여기서 로고스는 그리스어를 독일어로 번역하는 것을 앞서 허용하면서도 우리가 방금 본 것처럼 불가능한 한계로 가게 한다. 게다가 프로이트의 텍스트에 라캉이 가한 폭력 속에서, 그리고 라캉이 텍스트에 강요한 명백한 자의성 혹은 취급의 자유 속에서 하이데거식 모델의 놀이 자체를 알아보는 것은 과장된 것이 아니다. 현실적으로 여기서 작용하고 있는 것, 그것은 '사유되는 않은 것'이라는 동기가 지배하는 모든 독해의 실천이다. 마치 하이데거가 철학에서 사유될 수 없는 것을 해석하려고 시도하는 것처럼 라캉도 소쉬르와 프로이트 속에서(또한 몇몇 다른 사람들 속에서도) 둘을 관련짓는 가능성을 창조하는 공통적인 사유될 수 없는 것을 찾으려고 애쓴다. 그리고 이것은 사유될 수 없는 것에서 무의식까지 (혹은 무의식에서 사유될 수 없는 것까지) 그렇게 말할 수 있다면 단 한 발자국 거리만 있다는 것 때문에 그만큼 타당한 것 같다.[67] 여기서도 거울의 패러다임이 작용하고 있다.

우리가 도달한 결과가 너무 단순한데, 왜냐하면 (비)연결성의 장치를 여전히 더 복잡하게 할 필요가 있기 때문이다. 프로이트와 소쉬르 사이에 어떤 제3의 "인물"——이러한 것이 아니라 아마 더 엄밀하게 말하자면 데우스엑스마키나[68] 같은 인물——을 도입하자. 이렇게 해서 프로이트와 소쉬르의 상호적인 번역 가능성은 우리가 방금 말한 하이데거의 이 (비)번역에 결정적으로 의존한다.

하이데거의 '위치' 속에서, 그러므로 (비)연결의 극한적 반복, 즉 '화

---

67) 그런데 이 유비가 여기서 "압도적이지" 않으려면 차이를 잘 강조해야 한다. 이를테면 우리 지식에 의하면 프로이트를 읽거나, 심지어는 정신분석학의 출현이나 존재에 연관된 것을 고려하는 것을 하이데거가 거부한 것을 예로 들 수 있다. 반대로 라캉은 존재론을 희생하면서 (최소한 명백하게, 혹은 오히려 공식적으로) 인식론적이고 과학적인 동기들을 더 강조했다. 그러나 이러한 차이점은 우리가 이것을 강조하기에는 너무 명백하고, 너무 많이 알려져 있다.
68) (옮긴이) 데우스엑스마키나deus ex machina: 라틴어로 기계에 의해 움직이는 신을 말하며, 고대 그리스 연극에서 자주 활용하던 장치이다. 연극에서 갑자기 나타나 절망적인 상황을 해결해주는 역할을 한다.

상'[69]의 최후 효과를 알아볼 수 있다. 결국 이처럼 불에 탄 텍스트의 '구멍'으로부터 이제부터 "탁월한 '그' 의미 작용"으로 이해해야만 하는 것이 '말해진다.'" '텍스트 너머'의 목소리. 그렇지만 그것은 전적으로 "사람의 목소리"가 '아니다.' 데우스엑스마키나 자체의 목소리가 아니라면, 그것은 적어도 환기 장치의 목소리…… 좀더 심각하게는 우리가 '전환'이라는 개념으로 다시 고려할 수 있다고 믿었던 것은 이처럼 결국 하이데거 자신에 의해 멀리서부터 그리고 위로부터 지배된다고 말할 수 있다는 것이다. 혹은 좀더 엄밀하게는 전환 자체를 통제하면서 동시에 전환하게 만드는 것은 하이데거에 맞춰진 작용이라는 말이다. 왜냐하면 사실 이 작용은 번역 가능성의 모든 어려움을 해소하는 데 도달하고, 하이데거식 제스처의 순수한 명명 속에서 스스로 소산되면서 모든 교환을 보장하는 일종의 제1언어와 같은 것, 즉 자아에 대한 이러한 투명성, 하이데거가 지명한 로고스 자체의 이러한 그늘 없는 현존을 지시하기 때문이다. 그 원리 속에서 그러므로 전환은 무효가 된다. 번역의 해소는 그 종류가 어떤 것이든 어떤 불충실성의 탈선, 그리고 왜곡하는 어떤 사기의 탈선을 측정할 수 있는 모든 가능성을 제거한다. 투명성과 무-관심 속에서 하나의 순수한 충실성의 원리만을 전적으로 지배한다.

그런데 여기서 무관심은 텍스트에 대한 "무정부적"인 어떤 실천과 닮을 수 있는 것을 전혀 지시하지 않는다. 반대로 로고스에 대한 이러한 원용 속에서(그리고 앞으로 우리가 보겠지만 진리에 대한 원용 속에서) 텍스트 너머의(그러므로 또한 체계 너머의), 일종의 동등한 "환경"의 가능성을 엄격히 보존하는 것이 오히려 관건이다. 이 환경 속에서는 소쉬르를 프로이트로, 프로이트를 헤겔로(혹은 루소나 데카르트로) 번역하는 모든 문제와 다른 모든 텍스트 속에서 각각의 이름들을(혹은 오히려 텍스트 각각을) 해석하는 모든 문제들이 지워진다. 그리고 "텍스트" 자체

---

69) 이 책, pp. 72~75 참조.

속에서 이제부터는 텍스트 너머라는 의미작용이 모든 작용을 허용한다. 그것의 모든 운동 속에서 이제 전략은 그것이 상징적인 논리에 대해 만든 전환을 무효화하기 때문에 '논리학'의 이상, 즉 여분이 없고 보편적인 교환에 대해 투명한 언어의 이상을 생산하는 데 도달하게 될 것이다. 그래서 모든 것이 작동하고 그것도 완벽하게 기능한다.

그러나 이것이 전부는 아니다. 프로이트는 다음 차례에 텍스트 너머가 된다. 혹은 좀더 엄밀하게는 이 마지막 페이지에서 정확히 말해 '독해' 없는 작용 자체를 담당한다. 이 작용은 단순한 지명의 영역 혹은 명부 속에 머문다. 하이데거에 의존한 후 라캉은 즉시 결국 동일한 방식으로 말하지만, 이번에는 프로이트의 텍스트에 대한 모든 관계를 초과하기 위해 그런 것이다.

"만약 내가 문자와 존재에 대해 말한다면, 그리고 내가 소타자와 대타자를 구분한다면, 그것은 프로이트가 거기서 이 말들을 저항과 전이의 이런 효과들이 지시하는 용어들처럼 내게 제시했기 때문이다. 20년 전부터 내가 정신분석이라는 이 불가능한 작업을 수행한 뒤로 나는 불충분하지만 이 용어들에 도전했던 것 같다. 각자는 프로이트를 따라 그것을 반복하는 것에 만족할 뿐이다"(*E.*, 528).

텍스트 너머라는 것은 그러므로 여기서 '경험' 혹은 (분석적인) '실천'이다. 그런데 그것은 로고스, 진리와 어떤 관계를 유지하는가? 왜 그것은 여기에 들어왔는가? 하이데거는 우리가 그에게 부여할 수 있다고 믿었던 그런 역할을 하지 않았다고 결론 내려야만 하는가? 혹은 프로이트 '로의' 이 귀환은 (만약 이것이 이 장치를 복잡하게 하고, 완성하거나 혹은 설명한다면) 본래적으로 하이데거의 '위치'를 변하지 않도록 허용하는가?

우리는 (최소한 두 번) 정신분석의 경험은 아주 정밀한 전략적인 장소에서 (우리가 지적한 것처럼 그것의 동기가 실험적인 과학성이라는 정밀하지 못한 모델을 상기하는 데 사용하지 않았을 때) 원용되고, 그것도 독단적으로 텍스트의 저항을 깨뜨리기 위해 원용된다는 것을 주목할 수 있었다. 첫째로 소쉬르가 언어의 기능 원리로 정식화한 시니피앙과 시니피에라는 두 "왕국"의 동시적인 분절이라는 어려운 문제를 피해가는 것이 관건이었다. 그리고 이것은 고정점화하기라는 이론을 도입하기 위해서였다(*E.*, 503).[70] 두번째는 우리 시대까지 데카르트의 '코기토'에 의해 지탱되어온 자기동일성이라는 확신을 "전복하는" 것이 관건이었다. 그리고 이러한 "명증성"(*E.*, 517)[71]을 깨뜨리러 오는 것은 욕망 자체의 경험성이다. 철학 텍스트 속에서 그런 것처럼 언어학 텍스트 속에서도 그러므로 경험의 침입(그리고 경험은 여기서—언제나—욕망이다)은 매번, 같은 지점에서 그리고 동일한 순간에 실행된다. 횡선의 뛰어넘음을 확보하려고 할 때, 다시 말해 결국 모두가 주지하듯 횡선을 유지하면서 그것을 가로지르기 위해 의미작용 자체를 생산하려고 할 때 그런 일이 벌어진다.

그런데 사정이 정말 이렇다면, 이것은 지금으로서는 단 한 가지만을 의미한다. 로고스(진리)처럼 경험(욕망)도 또한(그것 역시도) 완벽하게 번역되지 (않음), 즉 즉각적으로 그것의 순수한 외침 혹은 순수한 발화행위에 일치한다는 것이다. 그렇기 때문에 (프로이트가 말하는) 욕망은 (하이데거가 말하는) 진리와 동일한 '위치'를 점유한다. 텍스트 너머는 여기서 욕망과 진리가 함께 모이면서 전체를 구성하는 장소(오히려 비장소)이다. 이중적 번역되지 (않음), 이것은 라캉 담론 속에서 욕망의 진정한 목소리(혹은 진리를 욕망하는 목소리)가 "연결되고" "말을 하는" 한에서 라캉 담론을 '분절시킨다.'

그런데 이 "기구"는 단지 다음과 같은 두 조건에서만 기능할 수 있다.

---

70) 이 책, pp. 49~51 참조.
71) 이 책, p. 94 참조.

즉 로고스에 대한 원용 속에서 진리의 논점들을 전제하고 경험에 대한 호소 속에서(이것은 상대적으로 쉽다) 욕망의 문제를 전제한다는 것이 그 하나다. 다음으로 욕망과 진리를 서로 동일시하고, 이것들이 의미작용 자체처럼 함께(거기에서 음성 송출이 뒤섞이지 않고) '말하는 것'을 듣는 것이 또한(그리고 특히) 중요하다. 여기서 궁극적 의미작용의 해방은 텍스트를 종결하고, 그로부터 총괄적인 체계와 구조를 사후에 결정한다. 그런데 욕망은 진리'이다'(결국 어떤 지점까지 우리는 위치로부터 본질을, 구조로부터 개념을 추론할 수 있을까?)라는 사실을 단호한(혹은 간단한) 방식으로 확실히 할 수 있기 전에 아마도 이 욕망의 목소리를 여전히 조금이라도 듣는 것이 좋을 것이다. 왜냐하면 이 목소리가 말을 하지 않는 것이 명확해지기 때문이다. 이 목소리는 정말로 말을 하지 않는다. 그것은 소리친다. 이것을 물론 여전히 들을 수 있을 것이다(엄밀히 말해 귀를 기울이려 하지 않는다면 말이다). 그런데 여전히 이 외침이 들리지 않는데, 왜냐하면 그것은 소리칠 수 없는 증상의 외침이기 때문이다(*E.*, 519).[72] 욕망의 목소리는 그러므로 무성이다. 욕망은 말하지 않고 스스로를 보여준다. 그러므로 이로부터 우리가 증상의 외침에 대해 말할 수 있을까? 여기서 어떻게 들을 수 있는 것과 볼 수 있는 것을 결합하며, "목소리와 현상"이 동시-발생(증상이 강제한다) 하는가?[73]

---

72) "주체가 자신의 증상을 통해서 소리치는 것은 그 자신의 역사 속에서 욕망이 어떠했는가에 대한 진리인데, 이것은 마치 예수가 만약 이스라엘 백성들이 자신들의 목소리를 그들에게 주지 않으면, 돌들로 하여금 그렇게 하겠다고 말한 것과 같다."

73) 자크 데리다가 『목소리와 현상 *La voix et le phénomène*』에서 그것을 명백히 제시했듯이 이러한 동시-발생은 결국 역설적으로 욕망의 '무성성aphonie'과 순수한 '목소리voix' '소리 phoné' '음소phonème'의 이상성을 일치하게 만든다. 예를 들어 데리다의 책에서 다음을 볼 수 있다. "대상의 관념성은 경험적이지 않은 하나의 의식에 대한 그것의 존재일 뿐이고, 그것은 그 현상성이 세속성의 형상을 갖지 않는 그런 하나의 요소 속에서만 표현할 수 있다. '목소리는 이 요소의 이름이다.' '목소리가 들린다.' 음소적 기호들(소쉬르의 의미로는 "청각적 이미지," 현상학적인 목소리)은 주체로부터 "들리는데" 이 주체는 기호들을 그것들이 현존하는 절대적인 근접성 속에서 발화한다. 주체는 그 자신의 표현적 활동에 의해 즉각적으로 영향을 받기 위해서 자신의 너머로 통과할 수가 없다"(*La voix et le phénomène*, p. 85). 그

대답은 다음과 같이 알려져 있다. 증상은 은유이다. "살 혹은 기능을 시니피앙의 요소처럼 취급하는 은유"(*E*., 518)이다. 그런데 이러한 대답은 실상은 우리를 뒤로, 즉 의미작용 자체가 해방되는 최후 순간 이전으로 후퇴시킨다. 적어도 텍스트의 마지막 열에서 다음과 같이 언급하는 것을 첨가하지 않는다면 말이다. "만약 증상이 하나의 은유라면, 그것은 그것을 말하기 위한 은유도 아니며, 인간의 욕망은 환유를 말하기 위한 은유도 아니다"(*E*., 528). 그뿐 아니라 다음과 같은 언급도 마찬가지다. "사람들이 그것을 그렇게 말하는 것을 원하든 원하지 않든 증상은 하나의 은유 '이다.' 마치 사람들이 비록 그것을 비웃지만 욕망이 하나의 환유 '인 것'처럼 말이다"(*E*., 528). 왜냐하면 (어쨌거나 필연적인 것으로 환유에 견주어 여기에서 은유에 주어진 이점에도 불구하고) 모든 은유적인 힘을 그 안에서 단번에 박탈해버린 이 동사[74] 속에서 우리는 "한 순간의 번득임"(*E*., 520), 즉 존재 자체가 그것의 순수하고 문학적인 의미작용 속에서, 즉 그것의 '진리' 속에서 나타나는 것을 볼 수 있다. 더구나 라캉은 그것을 놓치지 않고 즉시 강조한다.

"또한 마찬가지로 여러분들이 분개하기를 권고하기 위해서 그런 것인데, 그토록 오랜 종교적 위선과 철학적 허풍의 세기가 지난 후에도, '은유를 존재의 문제에 그리고 환유를 존재 결여에 연결하는 것'에 대해 여전히 아무런 것도 정당하게 말해지지 않았다는 것이다 등"(*E*., 528; 강조는 우

런데 만약 우리가 라캉의 모든 장치 속에서 '말'이 취하는 결정적이고 중요하기도 한 그 중요성을 이 용어의 고유한 의미에서 생각한다면, 이 역설은 모든 역설처럼 아마도 바로 해결될 준비가 된다. 이 '말'에서 주지하듯이 어떤 언어학적인 모델의 특권과 라캉이 붙드는 "형성적" 담론에 필요한 설명의 양태, 그리고 마침내는 이 담론이 말하는 '진리,' 즉 자신이 '말하는' 그 진리가 결정된다.

74) (옮긴이) 영어 be 동사에 해당하는 프랑스어 être를 말한다. 이 동사는 주어와 보어를 연결하는 기능을 갖고 있으면서 동시에 명사로서 존재를 의미하기도 하기 때문에 은유와 환유의 기능을 잘 보여준다. 언어가 존재를 드러낼 때 be(être) 동사는 중요한 역할을 하는데, 한국어에서는 이 용법이 뚜렷하지 않다.

리가 한 것이다).

이것은 그 불균형에도 불구하고 주목할 만한 정식이다. 왜냐하면 만약 환유가 이렇듯 존재의 결여에 연결되어 있다면, 은유가 연결되는 존재의 문제는 존재의 '현존' 이외의 다른 것이 아니기 때문이다. 여기서 우리가 곧 보게 되는 바와 같이 비록 현존을 그것의 근본적인 이중성(마치 은유가 환유를 지배하고, 창조하고, 선행하는 것처럼 결여를 포함하는 단순하지 않은 현존) 속에서 생각하지만 말이다.

결론적으로 은유와 환유의 (단순하지 않은) 대립에 따라 그것을 생각하는 한에서, 욕망을 실상 일반적인 하나의 존재론 속에서 이해하며 최종적으로 부재/현존, 현시/은폐 같은 고전적인 대립에 따라 사유한다. 아마도 욕망은 진리 '처럼' 생각해서는 안 되는 것 같다. 욕망은 (증상이 은유 '인' 그런 방식으로) 진리 '이다.' 그런데도 결국 다음과 같이 말하게 되는데 마지막 '심급'에서는 욕망을 진리와 대조해보아야 한다.

바로 이러한 이유 때문에 현실적으로 프로이트는 이 최후의 기제 속에서 하이데거와 정확히 동일한 '위치'를 차지하지는 않는다. 만약 우리가 본 것처럼 궁극적으로 이 기제(그리고 결론적으로 텍스트 전체)를 통제하는 원리가 '미장아빔'이라면, 이것은 그러므로 전혀 놀라운 일이 아니며 오히려 그것은 특별히 다음 사실에 대한 계시이다. 이 동일한 페이지에서 프로이트의 "파악할 수는 없지만 급진적인 혁명"(*E.* 527)이 마치 "존재자 속에 있는 인간에 대한 어떤 재검토의…… 증상"처럼 주어진다. 왜냐하면 만약 "존재자 속에 있는 인간"이 하이데거적인 철학소라면 ("휴머니즘의 인간"에 대한 모든 마지막 문장의 언급이 비판적 양식에 의거하여 마찬가지로 그런 것처럼) 이것은 단지 프로이트는 하이데거의 증상이라고 말하는 것이다. 하이데거 속에서 프로이트가 욕망의 흔적, 울림, 작용을 지적하는(혹은 지적하는 것을 허용할 수 있는) 것에서는 아마 그 정도는 아닐 것이다. 왜냐하면 오히려 하이데거의 진리가 실상은 프로이트 속에서 비록 무성일지라도 증상을 욕망의 "말" 혹은 진정한 목소리처럼 "해독하는 것을"(번역하는 것을) 허용하기 때문이다. 그리고 밑바탕에(다시 말해 만약 우리가 하이데거에 충실하다면)[75] 은유의 은유적 기능이 없기 때문에, 프로이트가 하이데거의 증상(은유)이라고 말하는 것, 그것은 결국 하이데거 자체가 '문자 그대로' 프로이트의 진리 혹은 더 좋게 말해 프로이트 '문자'의 '본뜻'을 인정하는 것이다.

우리가 방금 훑어본 모든 운동은 그러므로 종국에는 은유에 대한—욕망(진리)이 문제가 될 때, 은유를 은유화된 방식으로 다루는 것에서 생기는 불가능성에 대한— "단어"의 절정 속에 모인다. 다시 말해 하이데거의 진리라는 '테제' 속에 모이기도 한다는 것이다. 그리고 이것을 통해 결국 텍스트는 "고정점화"[76]된다.

---

75) 혹은 좀더 정확하게, 그리고 가능한 가장 간명하게 이 지표를 명백히 하기 위해 우리가 무엇보다 하이데거의 텍스트 속에서(이번에는 라캉이 하이데거를 상기하는 자신의 방식을 통해 이해하도록 하는 것에 충실하자면 존재자에서) 그리스어, 즉 "원래의" 철학적인 언어로부터 재독("어원학"적으로, "번-역" 등)한다는 하이데거의 기획을 끌어낸다면 은유의 은유적인 기능은 없다는 것이다. 이때 재독은 그것을 해독해야만 하는 은유성 아래가 아니라 오히려 그것을 다시 새롭게 들어야만 하는 어떤 근본적인 '문자성'의 영향 아래 행해진다. 이것을 많은 텍스트 중에 특히 '로고스'가 증언한다.

76) 담론의 고정점화는 이 순간부터 은유에 대한 라캉의 (결국 차이와는 반대인) 선호를 수단 삼아 연사론적 선형성에 대항하여 언어의 계열적(수직적) 축을 선택하면서 체계를 만든다. 결론적으로 시에 대한 근본적인 참조—혹은 이와 마찬가지로 근본적인 시적 '스타일'에 대한 호소—를 가지고 체계를 만든다(이 책, pp. 51~54, 71). 시는 이 욕망이다. 혹은 고정점화된 언어의 이러한 의지이다. 또한 이로부터 전환에 대한 마지막 전환(즉 그것의 다시-돌아옴과 그것의 무효화)이 나오는데, 이것은 우리가 곧 보겠지만 재전유적 운동에 일치한다. 이 운동은 여기서 시작하고 창조하는 것으로 이것 덕분에 전환을 구성하는 '함축적 미끄러짐'이 하나의 순수한 외연화로 방향을 돌려 안착한다. 하이데거는 유사한 특권을 시에 부여했다는 것을 주목할 수 있을 것이다. 그렇지만 이 유사성에 다음과 같은 차이는 제외되어 있다. 아마도 바로 여기에서 하이데거 '텍스트'의 "문제"를 다시 고려해야 할 것이다. 하이데거는 단호하게 '철학소,' 즉 은유를 단순하게 활용하는 것을 거부한다(예를 들어 프레오가 번역해서 1962년에 갈리마르 출판사에서 나온 『이성의 원리 *le Principe de raison*』, p. 126을 참조하라. "은유적인 것은 단지 형이상학의 경계 내부에서만 존재한다"). 이 모든 것에 대해서는 데리다가 쓴 "la Mythologie blanche"(*Poétique*, 5, 1971, 다음 책에 재수록. *Marges de la philosophie*, Minuit, 1972)를 참조하라.

그렇지만 여기서 이 진리에 대해서는 사정이 어떤지 알아볼 일이 남아 있다. 이 진리가 하이데거의 진리인지 아닌지 생각할 필요가 있는 것은 아니다(마찬가지로 하이데거가 전환의 실천을 창조하는 데 도움이 되는지도 중요하지 않다. 그렇지만 하이데거의 텍스트에 대한 충실성의 문제가 하찮다는 것은 아니다). 오히려 이 모든 것 속에 어떤 유형의 독해가 적용되는지 알아보기 위해서, 즉 어떤 유형의 독해가 이러한 종류의 궁극적 마술을 침묵하면서 지탱해주는지 이해하기 위해 질문을 던져야 한다.

이 질문에 사람들은 확실히 거친 어떤 대답을 줄 것이다. 만약 사람들이 결국 하이데거가 마지막 심급에서(그리고 우리가 이 단어를 우연히 사용한 것이 아니라고 독자들은 충분히 생각할 수 있을 것이다) 라캉의 모든 전략을 지배한다는 것을 보여줄 수 있었다면, 그리고 이 전략은 궁극적으로 기호의 존재론 자체에 대한 하나의(존재론의 모든 체계로부터 전환되거나 혹은 전환하는 재구성에 따라, 그리고 재구성을 통한) "해체 destruction"에서 성립한다면, 그것은 하나의 충실한 독해에 관계될 뿐 아니라, 또한 형이상학에 대한 하이데거의 "해체"의 모든 기획을 그것의 가장 결정적으로 진보된 형태의 하나 속에서 동반하기까지 진행하는 독해에도 관계된다. 적어도 어떤 관점에서는 그러하다. 즉 무엇보다 하이데거의 전략이 공공연하게 '기호'의 그러한 체계성에 대한 "해체"를 내포하는 한에서 말이다(주지하듯 언어의 문제에 대해 하이데거가 수행한 연구가 기호의 문제에 대한 '정면' 공격을 회피하는 한 이것을 조심성 없이 말할 수는 없다). 어쨌든 소쉬르의 기호에 대해 라캉이 행한 모든 작업이 '*homoïosis*' 혹은 '*adaequatio*'로 규정한 진리에 대항하고 그것을 무너뜨리는 것을 겨냥한 작업임을 파악할 수 있다. 기호에 횡선을 긋는 것은 시니피에에, 즉 우리가 보았듯이 사실상 지시대상인 시니피에에 대한 시니피앙의 일치에 횡선을 긋는 것이다. 이것이 두 아이의 우화가 완벽하게 예시하는 것이고, 게다가 우화 자체를 "진리에 대한 체험"(*E.*, 500)처럼 소개하고 있다. 왜냐하면 저항과 단절을 상징하는 횡선처럼 기능하는 철로의 존재에도 불구하고, 어떤 진리(진리, 즉 구멍의 진리)가 스스로를 '현시할 수' 있다면 그것은 재현의 법칙에 따라, 즉 인식 가능성의 법칙에 따라 스스로를 현시하지는 않을 것이기 때문이다. 그런데 그것의 순수한 현시 속에 있는——현시'처럼' 혹은 달리 표현하자면 재현에 대해 감추는 운동 속에서 드러나는 '현존'으로서——이 진리는 만약 이것이 결국 '알레테이아' 자체, 즉 감춤/드러냄이 아니라 할지라도, 그것은 하이데거가 "뒤늦은," 새시대적 규정, 해석(게다가 주지하듯 결정적으로 플라톤이 이것에 책임이 있다)에 불과한 것에 항상(혹은 거의 항상) 대립시켰던 어떤 다른 것이 아니겠는가? 진리에 대한 "일치된" 해석은 "언술 행위의 정확함"[77]에 대한 염려 때문에 알레테이아를 겨냥하는 것과 담론이라는 진리를 통해(즉 거짓을 통해) 제기된 문제들을 "우선적으로 고려하는 것"에만 근거를 둔다.

우리가 하이데거에게 말하게 할 수 있는 것은 적어도 이것이다. 그리고 적지 않은 텍스트가 이러한 의미에서 말을 하고 있기 때문에 이것은 사실이다. 그러나 이것은 또한 다음의 조건에서 가능한데 상세히 하지 않는 것, 하이데거의 극단적 신중함을 소홀히 하는 것, 다소간 명백하게 '텍스트'를 점철하는 망설임 혹은 유감, 부인을 무시해야 한다.

왜냐하면 이 텍스트가 결국 암시하고, 그리고 심지어 담론 속에서 분명하게 이해시키는 것, (여하튼 여기에서 논증적인 것이 적합하다면) 그것은 한편으로는 알레테이아가 아마도 분명함과 신중함, 그리고 감춤과 드러냄 등의 단순한 통일로는 절대 환원되지 않는다는 것이고,[78] 다른

---

77) 유명한 테제로 동굴의 우화에 대한 하이데거의 강독 속에서 그것을 적용한 사례를 볼 수 있을 것이다("La doctrine de Platon sur la vérité," *Questions II*, Gallimard, 1968).

78) 여기가 그것에 대해 증명을 해야 할 곳은 아니다. 그러나 최소한 다음을 지적할 수는 있다. 하이데거의 가장 "대담한" 텍스트를 자세히 읽으면, 분명함과 신중함 사이에, 그리고 그것들의 통일성 속에(사이에), 보충적인 하나의 '특징trait'이 도입된다는 것이 언제나 명백해진다.

한편으로는 알레테이아는 역사적으로 규정되고 발생한 어떤 "사건"인 호모이오시스와 결합하지 않을 것이기 때문이다. 그것은 반대로 (이것이 여전히 여기에서 어떤 것을 의미할 수 있다면) "그러한 것으로" 진리(알레테이아)는 "항상" 일치하는 해석 속에 잡힐 것이기—혹은 적어도 이 해석 속에서 이해될 것이기— 때문에 진리는 우리 시대까지 실상 (그리스 시대의 '사유,' 엄격한 의미로 선철학적인, 즉 선플라톤적인 사유를 포함한) 철학으로부터 '사유되지 않은 것'이었고, 엄밀히 이것으로부터 존재론의 해체가 형이상학의 반복 속으로 들어갈 수 있다.[79]

게다가 바로 이러한 이유 때문에 우리는 라캉이 프로이트에 대해 실행한 독해 속에서, 그가 정확히 욕망을 진리에 연관시키는 것처럼 무의식을 (이렇게 정의된) 사유되지 않는 것에 연관시킨다고 말할 수 있을 것이다. 그렇지만 라캉은 어려우면서도 체계적인 '호모이오시스' / '알레테이아,' 대립을 어려우면서도 체계적으로 뒤섞는 데까지 하이데거를 따르지는 않는다. 오히려 정반대로 라캉은 대립을 더 강화하는데 라캉이 보기에 기호의 해체는 최소한 이 대립의 엄격함에 의존하기 때문이다. 달리 말해 대립에서 라캉은 말하자면 덮는 것/덮지 않는 것의 차이를 일치하는 것이라는 알레테이아에 대한 (가장) 단순한 규정에 머문다. 다시 말해 마찬가지로 진리에 대해 헤겔이 말하는 의미로 (가장) 변증법적인 규정에 머문다. 이때부터 문자화의(현시의) 마지막 공정에서 은유를 보는 것이 놀랍지는 않은데, 왜냐하면 은유는 자꾸 중복되는 것에 의

이 특징은 『예술의 기원 *l'Origine de l'oeuvre d'art*』의 세번째 장에 있는 다음과 같은 유명한 한 텍스트를 참조하게 하기 위해 특별히 예로서 제시된 것이다. "그것은 진리의 본질 속에" 있는 작품을 향한 진리의 '끌어당김Zug'이다〔*Chemins qui ne mènent nulle part*, Brockmeier (trans.), Gallimard, 1962, p. 49〕.

79) 다른 무엇보다 플라톤에 대한 텍스트에서 내놓은 "수정들"을 참조할 수 있다. 그것은 다음과 같이 제목이 붙은 학술회의에서 우리가 이미 인용한 것이다. "철학의 끝과 사유의 과제La fin de la philosophie et la tâche de la pensée," 『살아 있는 키르케고르*Kierkegaard vivant*』, Gallimard, coll. Idées, 1966.

해 무효화되면서 환유에 대해 우월해지기 때문이다. 같은 방식으로 체계라는 원의 가장자리에 진리의 두 "심급"을 등록할 수 있는 것도 놀라운 일이 아니다. 두 심급의 하나는 계약(대타자)이 보증하는 일치 자체이고, 두번째 것은 언술 행위의 가장 순수한 일치라는 자기 현존("나, 진리, 내가 말한다……") 속에 있는, 다시 말해 언어 너머의 그 현존 속에 있는 알레테이아이다. 특히 「「도둑맞은 편지」에 대한 세미나」에서 이러한 장르의 명제를 또한 읽을 수 있다는 것은 더욱 놀라운 일이 아니다.

"마찬가지로 마르틴 하이데거가 그것을 통해 우리에게 '알레테스α $\lambda\eta\theta\acute{\eta}\varsigma$'(감춰지지 않은, 참인)라는 단어 속에서, 진리의 놀이를 드러낸 방식을 듣기 시작할 때, 우리는 하나의 비밀을 발견할 뿐이다. 즉 여기에서 진리가 항상 자신을 찾는 사람들을 가르치며, 그리고 그로부터 그들은 진리가 스스로를 감추는 곳에서 그들에게 '가장 진정한 것'을 제공한다는 것을 확신한다"($E.$, 21).

그러므로 자기에게서 자신의 고유한 진리를 반복하기 위해 알레테이아를 본질적으로 호모이오시스처럼 확인할 수 있다. 알다시피 그것은 알레테이아를 호모이오시스라는 형이상학적 규정에서 "절대로" 벗어날 수 없는 것처럼 생각하는 것(혹은 사유의 극단의 경계에서 생산하는 것)과 전혀 다른 것이다. 결과적으로 바로 호모이오시스 "자체," 혹은 그렇게 말할 수 있다면 일치된 알레테이아가 이쪽에서 저쪽으로 전체적으로 '문자의 심급'을 지배하는 것이다. 두 아이의 우화 속에서도 마찬가지로 그것이 남매에게 그들의 '정확한' 자리를 지정해준다. 또한 그것이 기호를 대수학처럼 구성하고, 이처럼 과학의 담론 속에 등록한다. 라캉 담론의 "진리" —그것은 '전환사'라는 언어학 모델을 통해서 그 자신에 대한 주체의 어떻게 해결할 수 없는 거리를 말하면서 알린다—가 자신의 언술 행위에 대한 그 언표의 완전한 합치〔"……내가 말한다……," 그리고 "만약 내가 문자와 존재에 대해 말한다면…… 라캉 자신이 말한다"(*E.*, 528)〕 속에서/그것처럼 스스로에 대해 (자신도 모르게?) 크게 말하는 것도 그것, 그러니까 진리를 통해서이다. 여하튼 은유 속에서 의미의 재전유를 보장하는 것도 결국에는 그것이다. 왜냐하면 만약 볏단이 보아스가 아니라면, 이름의 소멸은 문자 그대로 아버지의 살해이기 때문이다. 그리고 '문자의 지위,' 그것은 정확히 이 진리이다.

그 자체를 체계 너머로 따로 떼어 등록해야 하는 그것이 바로 이러한 재전유를 역설적으로 방해할 수 있다는 것을 이제 볼 수 있을 것이다. 다시 말해 그것은 알레테이아로 하이데거의 텍스트로부터 형이상학의 모든 담론을 걱정하게 만들고, 변질시키며, 균열시킨다.

그런데 이 순간부터 문제는 더 이상 '진리'가 아니다. 정확히 말해 문제가 되는 것은 어쩌면 불가능이기도 하다. 끝내기 위해 우리는 '텍스트'에 대해 말하려고 한다. 만약 엄밀하게 텍스트가 진리의 구조 속에서 이해 가능하도록 스스로를 허용하지 않는다면(그러한 것이라면) 말이다. 그러므로 이 "텍스트"에 연관되는 것은 아무것도 없다. 우리는 이 텍스트를 라캉이 그것에 부여한 의미를 통해서 '담론'으로 규정해야만 했다. 그런데 텍스트는 그것을 언술하는 행위에서 단절, 그 언어로부터 벌어짐, 그 공정으로부터 빗나감에도 불구하고 라캉의 담론이 그것에 재결합하는 데 도달하지 못하는 그런 것이다. 혹은 오히려 그 텍스트 속에서 라캉의 담론은 스스로를 잃어버리지 않는다. 의심할 바 없이 모든 담론은 언제나 하나의 텍스트이기도 하다. 그러나 '담론으로서' 텍스트는 그것이 내포하는 텍스트에 대해 다음과 같이 말하기를 멈추지 않는 한에서 텍스트가 될 수 "있을" 뿐이다. '나는 그것을 알기를 원하지 않는다.' 만약 우리가 여기서 프로이트의 텍스트를 우리가 (불가피하게) 붙잡는 혹은 그것에 우리가 (불가피하게) 붙잡혀 있는 담론 속에서 지목할 수 있다면 말이다. 그리고 이러한 "부인"이 엄밀히 말해 라캉의 텍스트(담론)를 존재론의 동일한 정식, 다시 말해 은유의 동일시에 가두는 것이 아니겠는가. 만약 환유에 대해 말하는 것이 또한 은유가 아니라면 어떠한 환유도 텍스트를 존재의 "결여"에 대해 다시 열 수 없을 것이 아닌가?

그렇지만 수사학의 수사적 차원을 부인할 수 없다는 것,[80] 일반적으로 은유성은 계속 이동해야 한다는 것——은유성은 절대로 고정되거나 멈출 수 없다는 것——이것이 프로이트의 텍스트 속에서 제시된 것이고 이 때문에 우리는 프로이트의 텍스트를 다음과 같은 경구로 바꿀 수 있다고 믿었다. 결론적으로 텍스트는 또한 다시 읽어야 할 것이다……

---

80) 부인, 더구나 이것은 라캉에게서 자주 재발한다. 예를 들어 *E.*, 260과 "Radiophonie," *Scilicet*, 2/3, p. 72 참조.

문자의 과학과 욕망의 진리

정신분석가 자크 라캉의 욕망 개념을 주제로 프랑스에서 철학박사 학위를 받은 필자가 가끔 받는 황당한 질문은 라캉이 과연 철학자인가이다. 이 질문은 라캉 이론을 약간이나마 접하고 프랑스 현대 철학의 논쟁에 대해서도 어느 정도 아는 사람들이 던지는 경우가 많아 더 당혹스럽다. 라캉은 정신과 의사였고 정신분석 이론의 혁신에 몰두했기 때문에 학문 범주로 분류하면 흔히 말하는 철학자는 아니다. 그러나 "라캉이 철학자인가"라는 질문은 사상가로서 라캉의 위치를 묻는 순진한 것이 아니라 라캉 이론을 철학적 업적으로 볼 수 있겠는가 하는 의구심을 표현한 것이다. 아마도 언어학을 접목하여 정신분석 이론을 재창조하면서 기껏 몇몇 철학 개념을 차용한 것에 머문 라캉을 철학자 반열에 올려놓는 것은 지나친 것 아닌가 하는 불만이 질문의 숨은 동기일 것이다. 또 철학자는 플라톤의 『국가론』이나 헤겔의 『정신현상학』 같은 고전을 소재 삼아 개념을 파헤치거나 이론을 창출하는 사람이라는 도식적 관점에 집착하는 한국의 문화적 풍토도 한몫했으리라.

라캉은 1963년 국제정신분석협회에서 제명된 후 루이 알튀세르의 주

선으로 프랑스 지식인의 산실인 '고등사범학교'에서 강의하고 1966년
『에크리*Ecrits*』도 출판했지만, 전형적인 철학자들과는 확실히 다르게 사
유를 전개한다. 프로이트와 달리 라캉은 임상경험과 연관해 정신분석
이론을 심화하기보다는 욕망, 주체, 기호, 변증법 등 철학 개념들과 씨
름을 한다. 하지만 개념을 쪼개고 분석하기보다는 무의식의 언어적 본
성을 실천적 맥락에서 강조하고 정신분석과 인접 학문이 연결되는 지평
을 제시하는 데 치중했다. 그래서 현대 철학에서 많이 회자되는 철학 이
론에 대한 영감과 체계적 해설을 기대하는 독자들은 다소 실망하게 된
다. 또 폴 리쾨르, 미셸 푸코, 자크 데리다, 장 이폴리트 등 많은 철학자
들이 라캉의 세미나에 참가했지만, 우정 이상으로 라캉의 사상에 특별
한 관심을 보이거나 철학자의 입장으로 라캉 이론을 분석하거나 연구 논
문을 쓰지도 않았다. 유달리 자존심 강한 라캉이 철학자들이 자신을 무
시하고 알아주지 않는다고 불평한 것도 충분히 이해할 만하다.

　그러나 지혜의 학문으로서 철학의 본질이 개념 해설이나 철학 텍스트
의 주석이 아니라 인간의 삶에 대한 실천적인 문제 제기와 지적 자극이
라고 한다면, 라캉의 작업은 충분히 '철학'이라고 말할 수 있다. 또 이론
해설이나 범주화에 치중하는 이른바 강단 철학자들과 달리 라캉은 철학
의 외부에서 철학 개념을 건드리고 해체하면서 그 개념을 한계 너머에서
다시 보게 만든다. 다시 말해 라캉은 개념을 죽은 개념이 아니라 삶 자
체에서 살아 움직이게 만들고자 했다. 라캉이 정신분석 경험과 이론적
성과를 통해 철학적 장에 제시하려고 했던 문제는 인식과 실천의 주체를
탄생시키면서 사유를 좌초시키는 조건들이 무엇인가에 관한 탐구다.

　이런 면에서 라캉은 인간이 언어적 존재라는 사실을 강조하고 현대 구
조주의 사유에 큰 영감을 준 소쉬르의 기호론과 프로이트의 사상을 융합
하면서 주체의 문제를 새로운 시각으로 사유한다. 라캉은 프로이트의
무의식 이론에 여전히 남아 있는 생물학적 경향성을 극복하기 위해
1950년대 이후 언어학의 성과를 적극 차용하면서 '시니피앙 논리'와 '주

체 분열 이론'을 새롭게 개념화하고 이를 문자의 과학으로 명명한다. 그리고 문자의 과학을 통해 이성의 본질을 의식이나 계산적 사유가 아니라 문자로 제시한다.

이 책 『문자라는 증서*Le titre de la lettre*』는 라캉의 이런 이론화 작업에 대해 철학자의 시각에서 그 의의와 특이성을 연구하고 평가한 논쟁적 문헌이다. 『문자라는 증서』는 1973년 처음 출판된 이래 많은 라캉 연구자들이 필독서처럼 읽은 책으로, 라캉도 1975년 세미나 『앙코르*Encore*』에서 이 책에 대해 긍정적인 평가를 내린 바 있다. 라캉은 만족스럽고 우쭐거리는 말투로 세미나의 청중들에게 이 책을 꼭 읽어볼 것을 권하면서도 뒷부분에 대해서는 주의하라고 당부한다. 라캉이 못마땅하게 생각한 부분은 자신의 문자 이론을 하이데거의 진리 개념과 연결시킨 제2부 3장의 「'승인된' 진리」였을 것이다. 실제로 라캉은 1970년대 중반 이후 한때 이론적 토대처럼 생각한 하이데거 존재론에 노골적으로 거리를 두면서 다시 데카르트와 윤리로 방향을 전환하였기에 이런 반응은 당연하다.

하지만 책이 출판된 시기가 아직 라캉의 후기 이론이 본격적으로 소개되지 않은 때이고, 당시까지 라캉 사상에 대해 철학자들의 체계적인 연구 성과가 전무한 것을 감안한다면 라캉을 철학적으로 읽은 이 책의 중요성은 아무리 강조해도 지나치지 않다. 더구나 『문자라는 증서』의 저자 장-뤽 낭시Jean-Luc Nancy와 필립 라쿠-라바르트Philip Lacoue-Labarthe는 자크 데리다Jacques Derrida나 알랭 바디우Alain Badiou와 더불어 가장 독창적이고 중요한 철학자로 프랑스에서 평가받는 학자들이다. 2007년 작고한 필립 라쿠-라바르트나 최근 국내에 조금씩 저작이 소개되고 있는 장-뤽 낭시는 둘 다 스트라스부르 대학 철학과 교수로 함께 재직하면서 공동으로 저서도 펴내고 철학과 문학, 공동체, 승화 등에 관해 독자적인 사상을 전개한 이론가로 프랑스 국내외에서 크게 인정받는 철학자들이다.

이들은 1978년 초기 독일 낭만주의자들의 문헌을 편역하면서 주체, 의미, 유한성, 나눔 등의 주제를 문학과 철학을 접목하여 다룬 『문학적 절대*L'Absolu littéraire*』를 함께 내놓는다. 이들의 작업은 텍스트의 고정된 의미화를 탈피하고 의미의 변화를 텍스트 자체의 구조에서 찾는 데리다의 해체 작업과도 통하는데, 최초의 공동 작업이 바로 "라캉을 읽는 한 가지 방법"이라는 부제가 붙은 『문자라는 증서』이다. 이 책을 꼼꼼히 읽다 보면 라캉이 철학자가 아니라는 단견은 라캉에 대한 독서의 부족과 몰이해에서 비롯되었다는 것을 알 수 있다. 오히려 라캉이 탐구하고 천착한 주제들이 깔고 있는 철학사적 논점의 배경에 놀라게 되고 단편적으로 언급한 개념들의 조각을 모아 종합하고 비판적으로 물음을 던지는 철학적 작업의 매력을 새삼 느낄 수 있다.

저자들이 책에서 밝힌 바와 같이 『문자라는 증서』는 라캉에 대한 해설이나 평가서가 아니다. 또 라캉이 새롭게 고안하거나 발전시킨 개념이 철학과 어떻게 연관되는지 주석을 통해 보여주는 것도 저자들의 관심사가 아니라는 것을 강조한다. 저자들은 이 책에서 난해하고 꼬여 있는 문체로 악명 높은 라캉의 문자 이론이 실제로 겨냥하는 바를 충실하게 좇으면서, 라캉이 제시하는 문자의 전략을 몸소 실천해보려고 노력한다. 특히 욕망과 이를 규정하고 구조화하는 시니피앙의 결정적 역할을 인정하면서 여기에 맞춰진 글쓰기를 통해 문자의 본질과 텍스트 너머를 제시하려고 하는 라캉의 작업이 지니는 특징을 잘 보여준다.

저자들에 따르면 텍스트의 난해함은 독해의 어려움이 아니라 의미화의 불가능성에서 발생하는데, 이런 이론적 배경을 잘 짚어내는 게 이 책의 장점이다.

책의 구성을 보면 제1부에서는 '시니피앙의 논리'가 무엇이고 그것이 라캉의 문자의 과학을 어떻게 설명하는지를 분석하고 있다. 특히 대수

학 공식 $\frac{S}{s}$가 새롭게 공론화하는 이론사적 의의를 다음과 같이 네 가지
로 정리한 부분은 이후 라캉 연구자들에게 많은 영감을 주었으며 많이
인용된 부분이기도 하다. 네 부분은 다음과 같다.

1. 횡선의 양쪽 편에 등록된 용어들 사이의 어떤 병행성이 사라졌다
는 점. 왜냐하면 라캉이 제시한 것처럼 이것을 단지 "시니피에 위에 있
는 시니피앙"이라고만 읽어서는 안 되고 "소문자 s"(이것은 게다가 이탤
릭체로 표기되어 있다) 위에 "대문자 S"라고도 읽어야 하기 때문이다.

2. 소쉬르 기호의 구조적 통일성을 상징하며 절대로 생략되지 않는
타원의 소멸.

3. 기호의 두 '면'에 대한 소쉬르의 정식을 대수학의 두 '층'에 대한 지
시로 바꾼 것.

4. 마지막으로 강조점이 S와 s를 분리하는 횡선에 가 있는 것.

(대수학은 결국 다음처럼 읽을 수 있다. 시니피에에 대한 시니피앙에서
'~에 대한'은 두 층을 분리하는 횡선에 일치한다). 게다가 이것이 라캉 자
신이 이 대수학에 대한 다음 주석에서 지적한 것이다.

이 부분은 소쉬르의 기호 이론을 라캉이 어떻게 변용했는지를 잘 설명
할 뿐 아니라 대수학이 겨냥하는 바가 궁극적으로 시니피앙의 우월성과
의미화의 불가능성임을 보여줌으로써 라캉의 언어 이론이 새롭게 도입
한 단절적 성과를 잘 지적하고 있다. 문자의 과학은 언어학에 의존하면
서도 그것의 파괴를 통해 자신의 특이성을 부각시킨다. 문자는 본질적
으로 주체가 그것에 연루되는 언어의 구조이기도 하지만, 회귀하고 반
복하면서 주체의 삶에 침투하는 실재적인 것이기도 하다. 다시 말해 문
자는 단지 재현이나 표현의 도구가 아니라 주체를 구성하면서 삶 자체를
창조하는 진정한 원인이자 물질이라는 것이다. 문자가 이처럼 상징적
구조를 포함하면서도 의미화를 불가능하게 만드는 실재에 속한다는 것

이 라캉의 강조점이다.

그러나 저자들은 문자의 전능성을 부각시키는 것이 아니라 오히려 모호성과 의미화에 저항하는 문자로 이루어진 텍스트에 대해 어떤 전략을 세울지를 제2부 '시니피앙의 전략'에서 제시하고 있다. 만약 저자들이 강조한 것처럼 "텍스트가 스스로를 읽을 만한 것으로 제시하면서도, 독서의 조건들을 끊임없이 벗어나게 하고 연기한다"면 텍스트 자체의 흐름을 따라가면서 전략을 모색할 필요가 있다. 저자들은 텍스트가 아니라 그 너머에 주목하라고 강조하는데 "텍스트 너머는 욕망과 진리가 함께 모이면서 전체를 구성하는 장소"를 말한다.

텍스트 너머라는 것은 결국 존재가 자신을 드러내는 곳으로 라캉이 언어의 심급으로 규정한 대타자의 장이기도 하고, 언어 속에서 구멍처럼 자신을 드러내는 의미화의 한계점이기도 하다. 텍스트 너머로 가기 위해서는 결국 언어에 의해 촉발되면서 그 너머로 가보려고 하는 욕망의 본성에 대해 잘 이해할 필요가 있다. 저자들이 이 책에서 언급하지는 않았지만, 라캉은 상상계에 속하는 거짓 욕망 혹은 소외된 욕망과 대타자의 발화에 충실한 존재의 욕망을 철저하게 구분하고 있기 때문이다. 상상계는 자아에 속하는 것으로 오인에 속하면서 욕망을 대상에 고착시킨다면, 상징계의 논리는 문자의 자기현시를 그 자체로 따르는 것이다.

결론적으로 저자들이 라캉의 문자 이론에서 강조하는 것은 대상과 사유의 정합적 일치처럼 정의되는 그런 진리가 아니라, 이른바 무의식에 속하는 '프로이트적 진리'의 특이성이다. 라캉의 소쉬르의 차용과 대수학 공식은 프로이트적 진리를 완성하고 제시하기 위한 노력들이다. 저자들이 라캉의 『에크리』에서 유독 「무의식 속에서 문자의 심급, 혹은 프로이트 이후의 이성」에 관심을 가지는 것은 이 글이 진리를 가장 전면적으로 다루기 때문이다. 그리고 이 진리는 문자 혹은 말을 통해 자신을 드러내는 욕망과 관련이 많다. 문자의 과학이 '기호 이론 없는 언어학'

으로 정의된다면, 이것은 언어를 통해 드러나면서도 그 대상의 불가능
성 속에서 무한히 반복하는 욕망의 본성 때문이다.

　장-뤽 낭시와 필립 라쿠-라바르트가 문자 이론을 하이데거의 진리
개념과 연결시키는 것은 문자의 과학이 결국 은유와 환유의 정식화를 통
해 존재를 드러낸다고 보기 때문이다. 물론 거듭 말하지만 라캉이 말하
는 진리 개념이 하이데거의 진리 개념과 동일한 문제의식을 공유하는지
는 많은 논란과 비판의 여지가 있다. 나중에 라캉은 욕망을 존재론이 아
니라 순수 행위의 차원에서 강조하면서 윤리와 연결시키기 때문이다.
결정적으로 『문자라는 증서』에서는 존재와 언어의 역설적 관계가 탐구
되기는 했지만, 결국 문자와 진리의 통합 가능성을 제시하기 위해 하이
데거식 대안으로 성급하게 나아갔다고 그 한계를 지적할 수 있다. 이것
은 장-뤽 낭시와 필립 라쿠-라바르트가 하이데거에게 많은 영감을 받
은 철학자들이라는 사실을 고려하면 충분히 이해할 수 있다. 그러나 라
캉이 후기에 강조하는 실재는 언어화되지 못하는 불가능성을 지칭하기
는 하지만, 자신을 드러내면서 감추는 순수한 존재 자체를 지칭한다기
보다는 주체의 항유의지와 보다 밀접한 관련이 있다.

　하지만 이 책은 라캉의 문자 이론이 세심하게 전개하지 못하는 전제들
을 철학적으로 잘 조망해주고 있다. 그리고 문자의 과학은 1970년대 중
반 이후 대수학보다 부각되는 보로메안 매듭, 위상학 이론, 주이상스로
넘어가기 위한 이론적 좌표를 이해하기 위해서도 아주 중요하다. 많이
혼동하는 시니피앙 논리의 본질과 진리 개념에 대해 이 책만큼이나 그
의미를 잘 설명해주는 책도 없다. 사실 『문자라는 증서』의 중요성을 생
각해볼 때 한국에서도 이미 한참 전에 번역되어 나왔어야 하는데 이제야
독자에게 소개하게 되어 송구스럽다.

　문자는 주체를 상징계에 자리 잡게 해주는 원인이기에 우리는 언제나
전능해 보이는 문자의 지배 아래 살 수밖에 없으며 문자의 과학이 드러

내는 의미의 모호성에도 공감할 수 있다. 문자의 과학은 문자가 모호성을 본질로 하기에 고정된 의미화가 불가능하다는 것으로 요약될 수 있다. 기표(시니피앙)와 기의(시니피에)가 둘을 연결하는 횡선에 의해 분리되어 있고 횡선은 의미화에 저항하는 모호성을 보여준다는 것이 문자 과학의 본질이다. 이런 경향은 현대 사회에서 더 심화되기 쉽다. 매스미디어가 지배하는 오늘날 우리는 기의와 기표의 괴리가 더 심화되고 텅 빈 의미들만 넘치는 기의의 과잉 세상에 살고 있다. 예컨대 최근 우리나라에서 볼 수 있는 민주주의의 후퇴와 상식의 파괴가 그런 현상이다. 인권, 정의, 공정성, 세계화 등의 기표들이 난무하지만, 그것을 설명하는 기의의 생산은 지극히 자의적이고 불순한 방식으로 이루어지고 있다.

하지만 라캉은 문자의 불가능성과 주체에 대한 소외만 말한 게 아니라 주체적으로 환상을 가로지르면서 욕망을 정립할 것도 강조했다. 이것이 이른바 기의와 기표를 한시적으로 고정하는 '누빔점 이론quilting point'의 핵심이다. 라캉은 소파 쿠션이 속에서 따로 놀지 않게 고정해주는 누빔점의 역할을 소통에도 적용한다. 누빔점 찍기는 계속해서 미끄러지는 기표와 기의의 순환을 일시적으로 고정시켜 제한된 의미 형성이 가능하도록 하는 작업이다. 이것은 합리적 의사소통의 규칙을 통해 제한적이나마 모두가 납득할 수 있는 의미 형성의 과정을 사회에 정착시키는 일과 다르지 않다. 기표와 기의가 단절되어 있고 의미 형성 절차가 어렵기 때문에 어떻게 보면 의미의 과잉이 당연해 보이지만, 핵심 기표를 고정시키는 합리적 규칙의 제정과 존중을 통해 소통의 불가능성이 사회에 만연하는 것을 최소화할 수는 있다.

문자의 과학은 결국 존재를 보여주는 욕망의 진리를 지향한다는 데 본질이 있다. 과잉된 기의의 재생산은 언젠가 파국을 맞을 수밖에 없다. 실재는 절대로 길들여질 수 없는 존재의 토대가 되고 억압된 것은 언제나 되돌아오기 때문이다. 욕망은 궁극적으로 실재를 향하는 데 결코 포

기할 수 없는 존재에 대한 의지가 욕망의 본질이고 정신분석 윤리의 강
조점이다.

2011년 1월

김석

ㄱ

ㄴ

ㄷ